Inhalt:

Georg Schwikart

Das kleine Ministranten ABC

Was Messdienerinnen und Messdiener wissen müssen

Mit Illustrationen von
Jutta Knipping

Verlag Butzon & Bercker Kevelaer

Der Autor dankt für hilfreiche Anregungen:
seiner Mutter, Ursula Schwikart, die einmal von Beruf Küsterin war,
seinem Freund Klaus-Jürgen Weber, einem ehemaligen Ministranten,
und seiner Mitarbeiterin Ursula Schairer, die nicht katholisch ist, sich aber trotzdem prima auskennt.

Die Deutsche Bibliothek – CIP-Einheitsaufnahme
Schwikart, Georg:
Das kleine Ministranten-ABC : was Messdienerinnen und Messdiener wissen müssen / Georg Schwikart.
Mit Ill. von Jutta Knipping. – 2. Aufl. – Kevelaer :
Butzon und Bercker, 1998
ISBN 3-7666-0117-2

ISBN 3-7666-0117-2

verlags gruppe engagement

2. Auflage 1998

Umschlaggestaltung, Illustrationen und Layout:
Jutta Knipping

Quellenverzeichnis:

S. 8, 18, 59, 66, 90, 95, 114, 129: aus: Georg Geßner, Unser Pfarrer ist der Beste, Verlag Butzon & Bercker, Kevelaer [2]1996.

S. 20, 44, 67, 73: aus: Georg Schwikart, Mit Gott durchs ABC, Verlag Butzon & Bercker, Kevelaer [2]1994.

S. 42: Rechte bei der Autorin.

S. 93ff.: aus: Georg Schwikart, Komm her, freu dich mit uns, Verlag Ludwig Auer, Donauwörth 1990.

S. 100: aus: Georg Schwikart, 1,2,3, Gott ist auch dabei, Verlag Butzon & Bercker, Kevelaer 1994.

S. 120-123: aus: Georg Schwikart, Die großen Gebete, Verlag Styria, Graz-Wien-Köln 1996.

Die Ständige Kommission für die Herausgabe der gemeinsamen liturgischen Bücher im deutschen Sprachgebiet erteilte für die aus diesen Büchern entnommenen Texte die Abdruckerlaubnis.

1. Kapitel

Die Sakristei

Die Sakristei ist jener Raum in der Kirche, in dem sich alle vorbereiten, die im Gottesdienst einen Dienst versehen: der Priester, die Lektorin, der Kommunionspender, die Organistin und natürlich die Ministrantinnen und Ministranten.

Im Wort „Sakristei“ steckt das lateinische „sacer“, das „heilig“ bedeutet. In der Sakristei befinden sich die Gegenstände für die heiligen Handlungen: Gewänder, Bücher, Kelche, Hostien, Wein, Kerzen, Mikrofone, vielleicht ein Tresor für die Kollekte. Der Chef der Sakristei ist der Küster – in manchen Gegenden sagt man auch Mesner oder Sakristan. Zu den Aufgaben des Küsters oder der Küsterin gehört die Kirche für den Gottesdienst vorzubereiten: sie schmücken, Glocken läuten, Licht einschalten, Kerzen anzünden – und die Ministranten unter Kontrolle halten.

In der Sakristei ist plötzlich ein Streit unter den Ministranten ausgebrochen.
- „Du bist ein großes Kamel!“, faucht Ludwig. - „Du bist ein noch viel größeres Kamel“, gibt Anna postwendend zurück.
- „Jetzt reichts aber“, mischt sich der Pfarrer ein, „ihr habt wohl ganz vergessen, dass ich auch noch im Raum bin!“

Die Minis ziehen in der Sakristei ihre liturgischen Gewänder an. Sie waschen sich die Hände, kämmen sich noch einmal und schnappen sich ein *Gotteslob*. Zusammen mit dem Priester werden sie vor dem Gottesdienst still und bereit.

Ich hebe meine Augen auf zu den Bergen:
Woher kommt mir Hilfe?
2Meine Hilfe kommt vom Herrn,
der Himmel und Erde gemacht hat.
3Er läßt deinen Fuß nicht wanken;
er, der dich behütet, schläft nicht.
4Nein, der Hüter Israels
schläft und schlummert nicht.
5Der Herr ist dein Hüter, der Herr gibt dir
Schatten;
er steht dir zur Seite.
6Bei Tag wird dir die Sonne nicht schaden
noch der Mond in der Nacht.
7Der Herr behüte dich vor allem Bösen,
er behüte dein Leben.
8Der Herr behüte dich, wenn du fortgehst und
wiederkommst,
von nun an bis in Ewigkeit.
(Psalm 121)

2. Kapitel

Du bist eine Ministrantin oder möchtest eine werden?! Du bist ein Ministrant oder möchtest einer werden?!

Prima! Du hast dich für eine interessante und verantwortungsvolle Aufgabe in der Pfarrgemeinde entschieden. Sie verlangt einiges von dir, macht aber auch viel Spaß!

Dieses kleine Buch möchte dir eine Hilfe sein für deinen Ministrantendienst. Es erklärt Begriffe, Vorgänge und Gegenstände deiner Tätigkeit in Kirche und Sakristei. Es soll dir verständlich machen, warum man etwas an einer ganz bestimmten Stelle des Gottesdienstes macht, welchen Sinn verschiedene Symbole haben, wo und wann Ministranten überall zum Einsatz kommen ...

Für das praktische Üben am Altar kann ein Buch kein Ersatz sein: Was reicht man dem Priester bei der Händewaschung und wie funktioniert ein Weihrauchfass? Damit du dich sicher fühlst, musst du schon einige Proben mit dem Oberministranten, Küster oder Kaplan mitmachen.

Wenn du dann weißt, was du als Ministrant zu tun hast und was dein Tun bedeutet, kannst du den Gottesdienst noch bewusster miterleben. Und dass du deine Begeisterung für die Sache Jesu nicht nach der Messe auf den Bügel hängst wie dein Gewand, sondern mit in dein Leben in der Welt hinausnimmst – das wünscht dir der Autor dieses Buches:

der selbst 13 Jahre lang mit viel Vergnügen und Eifer ein Messdiener war ...

Sind Ministranten etwa ...

nichts als eine schöne Dekoration?
kleine Möchtegernpriester?
etwas, was man als Katholik einfach gewesen sein muss?
wie Statisten im Theater?
weltfremde Kinder und Jugendliche?
wie alle anderen in ihrem Alter?
des Pastors letzte Freude?
eigentlich überflüssig?
junge Christen, die mitmachen?

Was meinst du?

3. Kapitel

Was ist das: ein Ministrant? Nichts für Schnarchtüten

Übersetzt aus der lateinischen Sprache bedeutet „Ministrant“: der Dienende. Der Ministrant ist jemand, der im Gottesdienst Handreichungen erledigt: Leuchter tragen; den Altar decken mit dem Kelch, mit Brot und Wein; Bücher halten; mit Schellen läuten; Geld einsammeln;
das Rauchfass bedienen; Fahnen halten; Öle oder Weihwasser anreichen und anderes. In manchen Gegenden nennt man die Ministranten auch „Messdiener“.

Ein Ministrant hilft dem Priester bei der Messe, den Sakramentenspendungen und den Andachten. Nun könnte der Priester die meisten Dinge auch selbst tun oder von anderen Leuten erledigen lassen. Warum gibt es dann immer noch Ministranten? Weil sie den Gottesdienst schöner und feierlicher machen. Weil sie die Gemeinde am Altar vertreten. Weil sie ein Zeichen setzen: Ihren Dienst verrichten sie für Gott.

Manche sagen, schon die Apostel seien Ministranten gewesen, weil sie Jesus halfen. Andere meinen, der Ministrantendienst habe sich etwa so entwickelt: In der Kirche gab es bereits ab dem 6. Jahrhundert mehrere Vorstufen, bevor ein

Mann zum Priester geweiht wurde. Einige davon waren mit Aufgaben versehen, die heute ein Ministrant übernimmt. Von den Vorstufen zum Priesteramt sind heute nur noch wenige geblieben. Die Aufgaben des Ministranten wurden zu einem eigenen Dienst.

Möglich ist auch eine andere Erklärung: Ursprünglich wurden Ministranten in den Klöstern gebraucht. Dort fing man im 8. Jahrhundert an „private" Messen zu feiern. Das heißt, jeder Priester feierte jeden Tag eine Messe ganz für sich allein. Er brauchte aber zumindest einen Menschen, der ihm auf Lateinisch die vorgesehenen Antworten gab, wenn es zum Beispiel hieß: „Der Herr sei mit euch!" In den Klöstern taten dies zunächst erwachsene Männer: Mönche, die keine Priester waren. Doch auch die Gemeindegottesdienste in den Pfarrkirchen wurden immer mehr zu „Privatmessen" des Priesters: Der Altar stand weit weg von der Gemeinde, der Priester stand mit dem Rücken zum Volk und er sprach die lateinische Sprache, die die meisten Leute nicht beherrschten. Wohl um das Jahr 1000 herum wurden zunehmend Jungen für den Dienst des Antwortgebens angelernt, als Vermittler zwischen Gemeinde und Priester. Diese Kinder waren schon das, was wir heute unter Ministranten verstehen. Man wählte übrigens keine Mädchen aus, weil man sich von den Jungen eine lautere und durchdringendere Stimme versprach. Außerdem erhoffte sich die Kirche von diesen Jungen auch Erfolge für den Priesternachwuchs. Im Zeitalter des Barock – etwa im 17./18. Jahrhundert – steckte man die Ministranten in die Kleidung der Hofpagen. Der Gottesdienst wurde wie ein Zeremoniell am Hofe europäischer Könige zelebriert. Und wie der König seine schmucken Diener zur Zierde hatte, die Spalier bildeten, begleiteten den Priester seine Ministranten.

Heute ist der Ministrantendienst offen für Mädchen und Jungen. Er ist eine besondere Form der kirchlichen Jugendarbeit. Ein paar Voraussetzungen sind notwendig: Mindestalter sechs Jahre, Empfang der Erstkommunion, Bemühen um Zuverlässigkeit, Freude am Gottesdienst und die Bereitschaft den Glauben nicht nur in der Kirche zu leben. Alle katholischen Kinder und Jugendlichen sind eingeladen mitzumachen.

Außer ihren Aufgaben in der Liturgie gibt es in vielen Pfarrgemeinden noch andere Aktivitäten für Ministranten. Man trifft sich zu regelmäßigen Messdienerstunden, in denen Fußball gespielt oder über einen Bibeltext diskutiert werden kann. Ausflüge in den Zoo oder in die Bischofskirche machen Spaß. Mehrtägige Fahrten in die Jugendherberge oder ins Zeltlager stärken den Zusammenhalt. Manche machen gar eine Wallfahrt nach Rom! Ministranten engagieren sich mit interessanten Aktionen für Menschen in Not: Sie organisieren einen Trödelmarkt für das Missionsprojekt oder beteiligen sich am Sternsingen. Sie helfen beim Aufbau für das Pfarrfest. Sie entwickeln pfiffige Ideen, wie sie ihre leere Kasse auffrischen können ...

Wenn es in einer Gemeinde mehr als zehn Ministranten gibt, ist es sinnvoll die Messdienerschar in Gruppen aufzuteilen. Das können Mädchen- und Jungengruppen sein, üblich ist eine Aufteilung nach dem Alter. Die Gruppen werden von Gruppenleitern geleitet. Alle Gruppenleiter treffen sich regelmäßig um Anliegen der ganzen Ministrantengemeinschaft zu besprechen und um Aktionen zu organisieren. Aus der Leiterrunde wird der Oberministrant gewählt. Er ist für alle Ministranten die Ansprechperson. In Übereinstimmung mit dem Pfarrer erstellt er den Dienstplan und probt die großen, außergewöhnlichen Gottesdienste vorher mit seinen Kolleginnen und Kollegen durch. Wie lebendig die Ministrantengruppe einer Pfarrgemeinde ist, das hängt von ihren Mitgliedern ab.

Beim Ministrantenzeltlager sieht Jens staunend zu, wie sich der Kaplan rasiert. Plötzlich meint er: „Der Pit aus unserer Gruppe kann das Gesicht genauso doof verziehen wie Sie – sogar ohne Rasierapparat."

Gute Tipps für die Gemeinschaft

Lebt friedlich miteinander!
Ermahnt alle, die ein unordentliches Leben führen.
Macht den Ängstlichen Mut.
Kümmert euch um die Schwachen
und habt Geduld mit allen.
Keiner soll auf Unrecht mit Unrecht reagieren,
sondern seid bemüht füreinander
und für alle Gutes zu tun.
Seid jederzeit fröhlich.
Seid immer zum Beten offen.
Egal, was passiert: Dankt Gott.

(nach 1. Thessalonicherbrief 5,13b-18a)

Ministranten sind Menschen
wie andere auch.
Ihr Gott ist nicht der volle Bauch,
nicht Spardose, Auto und Telespiel.
Die Weltreise ist nicht ihr Lebensziel.

Ministranten sind Menschen,
die Jesus kennen,
die Gott ihren guten Vater nennen.
Sie wollen so leben, wie er es tat,
und folgen wie Jesus dem göttlichen Rat:

Sie versuchen
– ganz ohne Heiligenschein –
zu allen Menschen gut zu sein.

4. Kapitel

Alle anders – alle gleich: Es geht nur miteinander

Vor zweihundert Jahren waren sie undenkbar, vor zwanzig Jahren diskutierte man über sie, heute sind sie gottlob eine Selbstverständlichkeit: Ministrantinnen am Altar. Sie haben übrigens eine biblische Vorläuferin: eine Frau namens Phöbe, die „Dienerin der Gemeinde von Kenchreä“, wie der Apostel Paulus im Römerbrief schreibt (16,1). Diese Phöbe war sogar nicht einfach eine Messdienerin, sondern eine Diakonin!

Wenn heute auch in vielen Gemeinden das Miteinander von Ministrantinnen und Ministranten Alltag ist, so war der Weg dorthin doch häufig mühsam, manchmal gar mit schmerzlichen Kämpfen verbunden. Ich erinnere mich an eine Diskussion in der Minileiterrunde in meiner Baumberger Heimatgemeinde vor gut fünfzehn

Jahren. Damals war der Dienst noch fest in männlicher Hand. Die eigenartigsten Argumente wurden ausgegraben, warum man keine Mädchen in Talar und Rochett haben wollte, zum Beispiel:
In der Sakristei sei nur eine Toilette.
Oder: Mädchen würden ein langes Hochamt doch gar nicht durchhalten. Sie seien zu schwach dazu.

Mittlerweile kann man darüber lachen, aber warum fiel es seinerzeit so schwer, sich weibliche Assistenten bei der Messe, bei Taufen, Hochzeiten und Beerdigungen vorzustellen? Dass die Ministrantengruppe keine Zuchtanstalt für Priesteramtskandidaten ist, zeigte doch die Erfahrung. Dass Mädchen die Tätigkeiten genauso gut verrichten können, lag wohl auf der Hand.

Ging es nicht einfach um die Furcht alte Vorrechte zu verlieren? Eine Sorge war: „Wenn wir mehr Leute werden, kommen wir weniger oft mit dem Dienen dran." Dieser Einwand war nicht von der Hand zu weisen, aber dafür gab es Lösungen, zum Beispiel: die Dienste mit mehr Ministranten ausführen. Warum nicht am Sonntag acht Messdiener statt vier bei der Hauptmesse? Und wenn die Jungen weniger oft drankommen – die Mädchen könnten ja sonst nie ministrieren! Auch die jährliche Kollekte für die Ministranten wurde jetzt natürlich unter mehr Leuten aufgeteilt, aber dafür kam auch mehr Geld zusammen.

Wenn eine Pfarrgemeinde Ministrantinnen einführt, mag der Pfarrer anfangs skeptisch sein, die Leute mögen überrascht gucken. Die Zeit wird zeigen: Die Veränderung der Tradition setzt sich durch und irgendwann meinen alle, es sei gut so – fast, als wäre es immer schon so gewesen. Die Küsterin wird feststellen, dass die Mädchen meist zuverlässiger und pünktlicher sind, auch eher daran denken nach dem Gottesdienst die Gewänder wieder auf den Bügel zu hängen ...

Dennoch gibt es Probleme in der Ministrantengemeinschaft – aber gibt es die nicht überall, wo Menschen zusammenkommen? Wie in der Schule sind die Jungen auch in der Kirche öfter Rabauken als die Mädchen; diese lassen sich aber nicht mehr alles gefallen. Richtig so! Und wenn Mädchen vielleicht meinen, der Sinn der Gruppenstunden könnte ja nicht jedes Mal ein Fußballspiel sein, dann ist das kein Angriff, sondern eine Anregung neue Ideen zu sammeln.

Es ist doch dumm von „den“ Mädchen und „den“ Buben zu sprechen. Jede und jeder weiß eigentlich, dass es in beiden Geschlechtern sympathische und unsympathische Typen gibt, hilfsbereite, blöde, freche, freundliche, lustige, lahme, gemeine ... Mal ehrlich, ist es nicht viel schöner, wenn Mädchen und Jungen gemeinsam die Osternacht gestalten, in der Prozession gehen, eine Fahrt machen oder als Sternsinger von Haus zu Haus ziehen?

Minis sind nicht anders als andere Menschen, weder besser noch schlechter. Sie versuchen wie andere Christen Gott in ihrem Leben Raum zu verschaffen. In der Kirche versehen sie einen besonderen Dienst. Stellvertretend für die ganze Gemeinde bringen sie die Gaben zum Altar. Und diese Gemeinschaft der Gläubigen besteht nun einmal aus Männern und Frauen. Es geht nur miteinander!

Ein undenkbarer Vorschlag

Die Ministrantinnen von Femiheim waren in heller Aufregung: Da hatte Gisela es doch gewagt vorzuschlagen auch Jungen zum Dienst zuzulassen. Luisa empörte sich: „Jungens am Altar? Du spinnst wohl. Wie sieht das denn aus?“ „Wirklich“, pflichtete Maike ihr bei, „das hat es doch noch nie gegeben!“

Allen Mädchen fielen Gründe ein, warum männliche Ministranten undenkbar seien: Wie würden die denn in den Kutten aussehen? Lächerlich. Und sowieso hätten die Jungen so einen komischen Gang, ganz unfeierlich. Sie würden nur Blödsinn im Kopf haben, könnten kein Gebet auswendig und wären zu schüchtern bei den Liedern mitzusingen.

„Wenn ich mir nur vorstelle, mein Bruder Lars wäre Messdienerin“, lachte Gudrun und alle lachten mit. „Der schüttet doch glatt bei der Gabenbereitung den Wein neben den Kelch!“ „Vielleicht dem Pfarrer über die Hände“, meinte Maike.

„Was würde aus unseren gemeinsamen Reitstunden? Die blöden Kerle sind doch zu dumm um auf ein Pferd zu steigen." Kirsten war klar, dass Jungen bei der Ministrantinnenstunde nur stören würden.

„Wir bringen den ganzen Ministrantinnendienst in Verruf, wenn wir Jungen in unsere Gemeinschaft aufnehmen!", fasste Hildegard die Stimmung zusammen: „Und überhaupt kommen wir dann kaum noch mit dem Dienen dran." Und Maike noch einmal: „Sag ich doch: Es war eben schon immer so in Femiheim, nur Mädchen sind richtige Messdienerinnen!"

Gisela schluckte. Sie hatte die ganze Zeit geschwiegen, als sich ihre Kolleginnen das Maul zerrissen. Alle guckten sie triumphierend an, weil sie meinten diesen irrsinnigen Vorschlag endgültig abgeschmettert zu haben. Doch Gisela schaute sie mit großen Augen an und sagte mit fester Stimme: „Galater drei achtundzwanzig."

Die anderen sahen sich ratlos an. Gudrun holte eine Bibel, Hildegard nahm sie ihr aus der Hand, schlug die Stelle nach und las vor: „Es hat darum nichts mehr zu sagen, ob einer Jude ist oder Nichtjude, ob er Sklave ist oder frei, ob Mann oder Frau. Durch eure Verbindung zu Jesus Christus seid ihr alle zu *einem* neuen Menschen geworden." Sie klappte die Bibel zu und grummelte nur: „Das Thema muss wohl noch einmal auf die Tagesordnung."

Und so kam es denn auch ...

5. Kapitel

Liturgie: Eine heilige Welt in unserer unheilen Welt

Alles, was mit dem Gottesdienst zu tun hat, gehört zum Bereich der Liturgie. Die Liturgie ist wie ein eigenes Land: In China zum Beispiel gibt es chinesische Bräuche und chinesische Kleidung. Vergleichbar gibt es eine liturgische Kleidung und liturgische Bräuche.

Wir haben liturgische Geräte und Bücher, die nur im Gottesdienst verwendet werden.
Wir benutzen eine liturgische Sprache, die sich von der Sprache unseres Alltags unterscheidet. Schließlich werden alle, die im Gottesdienst aktiv werden, zu liturgischen Personen. Das sind neben Diakon und Priester auch die Ministranten! Sie versehen ihre Aufgaben eben nicht mehr nur als Yessica und Markus, sondern als Vertreter der

Pfarrgemeinde. Sie wirken in der Öffentlichkeit im Dienst der Kirche. Daher leitet sich in etwa auch der Begriff ab: „Liturgie“ meinte im antiken Griechenland eine „Leistung für den Staat“, später auch den „Dienst des Priesters“ im Tempel. Heute bezeichnen wir mit Liturgie den ganzen Bereich der verschiedenen Gottesdienstformen, ja: die ganze Welt des Gottesdienstes.

Die Liturgie ist ein heiliges Spiel. Die Vergangenheit wird in die Gegenwart hereingeholt. Im Wort der Heiligen Schrift und in den Sakramenten kommt Gott in unser Leben hinein. Wir feiern: Gott ist unter uns! Deswegen bemühen wir uns um eine schöne Gestaltung der Gottesdienste. Deswegen sind die liturgischen Gegenstände oft wertvoll und kostbar gearbeitet.

Alle Gläubigen sind an der Liturgie beteiligt: Priester und Diakone, Lektorinnen und Kommunionhelfer, die Ministranten und der Kirchenchor, die ganze mitfeiernde Gemeinde. Alle tragen ihren Teil dazu bei, dass in der Liturgie Gott lebendig spürbar werden kann.

Gott lässt sich nicht zwingen. Aber er hat doch versprochen, wo im Namen Jesu zwei oder drei zusammenkommen, da ist er mitten unter ihnen (Mt 18,20). Liturgie – das ist Gottes Angebot sich erfahren zu lassen, das ist der Dienst Gottes an uns!

Wenn sich alle Bischöfe der römisch-katholischen Kirche versammeln um über den Glauben und die Kirche von heute zu sprechen, dann nennt man das ein Konzil. Das letzte Konzil fand von 1962 bis 1965 im Vatikan statt. Neben vielen, vielen anderen Themen sprach man damals in Rom auch über die Ministranten. Das Konzil stellte fest, dass Ministranten mehr sind als schmückendes Beiwerk wie etwa bunte Blumen auf dem Altar. Sie versehen einen eigenen liturgischen Dienst. Deswegen sollen die Ministranten auf ihre Aufgaben gut vorbereitet werden, ihr Arbeitsfeld kennen. Vor allem in das Wesen der Liturgie soll man sie sorgsam einführen. Ministranten müssen wissen, was sie mitgestalten. Das Konzil drückt das in seiner recht kantigen Sprache so aus:

„Auch die Ministranten, Lektoren, Kommentatoren und die Mitglieder der Kirchenchöre vollziehen einen wahrhaft liturgischen Dienst. Deswegen sollen sie ihre Aufgabe in aufrichtiger Frömmigkeit und in einer Ordnung erfüllen, wie sie einem solchen Dienst ziemt und wie sie das Volk Gottes mit Recht von ihnen verlangt.

Deshalb muß man sie, jeden nach seiner Weise, sorgfältig in den Geist der Liturgie einführen und unterweisen, auf daß sie sich in rechter Art und Ordnung ihrer Aufgabe unterziehen."

(Aus: Konstitution über die heilige Liturgie, Kapitel 29.)

Kein Weg
ist zu lang
an deiner Seite
keine Mühe
zu groß
kein Traum
unerreichbar

an deiner Seite
leben zu dürfen
ist schon heute
ein Stück
Himmel
auf Erden

6. Kapitel

Die Kirche: Ein Arbeitsplatz ohne Computer

Das Wort „Kirche“ kommt aus der griechischen Sprache. Dort bedeutet „kyriakón“: das, was zum Herrn gehört. Wenn wir von „Kirche“ sprechen, meinen wir das Haus, in dem sich die Gemeinde versammelt um Gottesdienst zu feiern. Wir meinen aber auch die Gemeinschaft der Glaubenden, die Kirche, die nicht aus Steinen, sondern aus lebenden Menschen besteht.

Die Christen haben, wie die Angehörigen fast aller Religionen, für ihre Zusammenkünfte eigene Gebäude errichtet – die Kirchen, Kapellen und Kathedralen. Was den Juden die Synagoge, den Muslimen die Moschee oder den Buddhisten der Tempel, das ist für die Christen die Kirche: Ort der Begegnung mit Gott und miteinander. Es gibt große und kleine Kirchen, Dome und Kapellen.

Es gibt alte und moderne Kirchen. Der eine findet eine Kirche wunderschön, der andere hässlich. Wichtig ist, ob in ihren Mauern miteinander Glaube geteilt wird. Die Ausstattung von Kirchen sieht überall ein bisschen verschieden aus, die Bedeutung der Dinge ist aber gleich.

Altar

Der Altar steht im Zentrum der Kirche. Er soll von überall gut gesehen werden können. Er ist ein großer Tisch aus Stein oder Holz, meistens schön gearbeitet und mit Blumen und Kerzen geschmückt. Auf dem Altar wird das Gedächtnis an das letzte Abendmahl Jesu gefeiert. So ist der Altar an sich ein Zeichen für Christus. Das Wort „Altar“ bedeutet: Opfertisch.

Altar

Ambo

Ambo

Der Ambo ist der Ort der Verkündigung: ein erhöht stehendes Lesepult. Von dort aus werden die Lesungen aus den biblischen Schriften vorgetragen, das Evangelium verkündigt und die Predigt gehalten. Der Begriff „Ambo“ entstand aus dem griechischen Wort für „hinaufsteigen“.

Tabernakel

Der Tabernakel ist ein wertvoll verziertes Gehäuse, unter dem sich meistens ein sicherer Panzerschrank verbirgt: In ihm wird die Kommunion aufbewahrt, die in einer Messe übrig geblieben ist. Im „Brot des Lebens“ ist Gott bei uns. Die Kniebeuge vor dem Tabernakel gilt also nicht dem Schrank, sondern seinem Inhalt. Die Hostien werden im Tabernakel aufgehoben um sie bei Bedarf den Kranken zu bringen oder bei der „Wegzehrung“ einem Sterbenden zu reichen. Auch Gemeinden ohne Priester, die nicht regelmäßig eine Messe feiern können, dürfen aus dem Tabernakel die Kommunion für ihren Gottesdienst entnehmen. „Tabernakel“ heißt übersetzt: Zelt/Hütte.

Kreuz

In jeder Kirche erinnert das Zeichen des Kreuzes an Jesus Christus, der für die Menschen sein Leben opferte. Das Kreuz hängt meistens an der Stirnseite der Kirche oder über dem Altar. *Kruzifix* wird ein Kreuz genannt, wenn auf den Kreuzesbalken eine Nachbildung des Körpers Jesu angebracht ist.

Tabernakel

Kruzifix

Sedilien

Die Sedilien sind die Hocker, auf die sich Priester und Ministranten im Altarraum setzen. Die Einzahl heißt „Sedile" – man darf aber ruhig vom „Hocker" sprechen. „Sedile" bedeutet einfach „Sitzbank".

Kredenz

Die Kredenz ist der liturgische Gabentisch: Alle Dinge, die bei der Gabenbereitung benötigt werden, stehen hier bereit. Die Kredenz befindet sich im Altarraum.

ewiges Licht

Das ewige Licht wird – bis auf den Karfreitag – das ganze Jahr über Tag und Nacht am Brennen gehalten. Es dient als Zeichen, dass im Tabernakel geweihte Hostien aufbewahrt werden, Zeichen der Gegenwart Gottes.

Kredenz

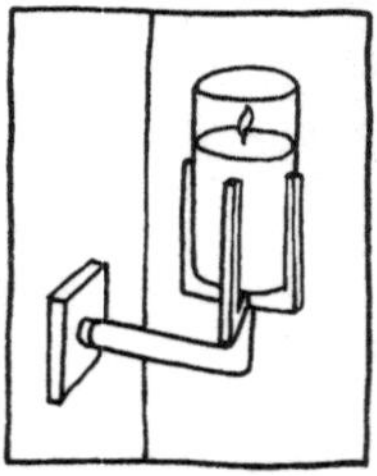

ewiges Licht

Taufbecken

Das Taufbecken steht meistens in der Nähe des Eingangs der Kirche. Hier werden die Taufen vollzogen. Der Abstand zum Zentrum der Kirche, dem Altarraum, soll zeigen: Noch gehört der ungetaufte Mensch nicht zur Gemeinschaft der Christen; ist er aber aufgenommen worden, wird er zur Mitte geführt.

Weihwasserbecken

Die Weihwasserbecken befinden sich am Eingang. Die Christen, die in die Kirche kommen, nehmen mit einem Finger der rechten Hand etwas Weihwasser und bekreuzigen sich damit. Das erinnert sie an das Geschenk und die Verantwortung ihrer Taufe. Um sich auch zu Hause mit Weihwasser segnen zu können gibt es meistens in einer hinteren Ecke oder in der Sakristei einen Behälter mit Weihwasser, wo sich jeder nach Bedarf Wasser mitnehmen kann.

Taufbecken

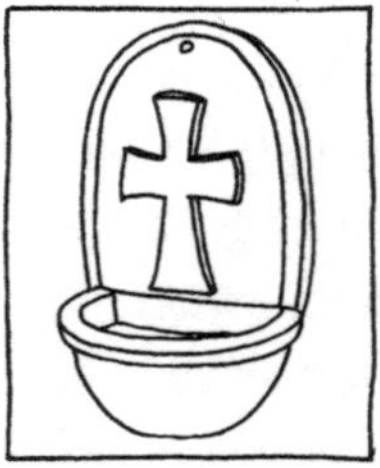

Weihwasserbecken

Beichtstuhl

Der Beichtstuhl ist eine Art Kabine, in der das Bußsakrament gespendet wird. Der Priester hat einen Sitz. Der Gläubige kniet quer dazu auf einem Bänkchen und spricht durch eine durchlässige Trennwand. So können sich die beiden flüsternd verständigen. Beichtstühle stehen an den Seiten der Kirche. Viele Priester bieten aber auch an an einem anderen Ort zu beichten: in der Sakristei oder in einem Seelsorgezimmer.

Kreuzweg

Vierzehn künstlerisch gestaltete Bilder erinnern an die einzelnen Stationen des Leidenswegs, den Jesus Christus bis zu seiner Kreuzigung zurücklegen musste. Diese Bilder sind oft der Reihe nach an den Wänden der Kirche aufgehängt. So kann der Kreuzweg stationsweise nachgegangen werden. Es gibt aber auch Kreuzwege im Freien, an Aufgängen zu Wallfahrtsorten oder Kapellen. Wenn so ein Weg ordentlich steil ist, ist man froh an jeder Station eine Verschnaufpause einlegen zu können.

Beichtstuhl

Kreuzweg

Apostelleuchter

Zwölf Leuchter, für jeden der Apostel einer, hängen an den Wänden der Kirche. Sie befinden sich an den Stellen, an denen die Kirche bei ihrer Weihe mit Öl gesalbt wurde. Zu großen Festen und an den Gedenktagen der Apostel werden die Kerzen entzündet.

Osterkerze

In jeder Osternacht wird feierlich eine große Osterkerze entzündet, die als Symbol für den auferstandenen Christus ihr Licht spendet. An dieser Kerze werden dann die Kerzchen der Gläubigen angesteckt. Die Osterkerze wird im Altarraum auf einen eigenen, besonderen Leuchter gestellt. Sie wird während der Osterzeit bis Pfingsten täglich angezündet, außerdem bei anderen Anlässen: bei Exequien (das sind die Messen für Verstorbene), an Allerseelen und zu den Sakramentenspendungen der Taufe, Firmung, Trauung und Priesterweihe.

Marienaltar

Der Gottesmutter Maria ist in vielen Kirchen ein kleiner Altar geweiht: Ein Bild oder eine Statue Marias ist da zu finden, eingerahmt von Blumen. Die Gläubigen haben die Möglichkeit eine Kerze anzuzünden.

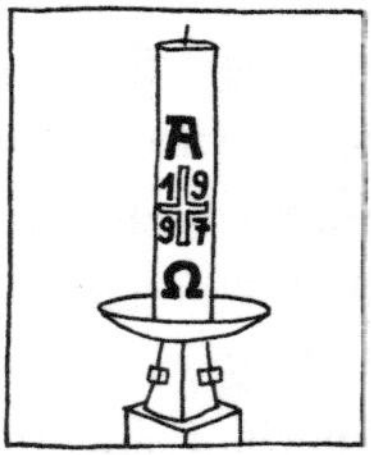

Osterkerze

Marienaltar

Glocken

Im Turm der Kirche hängen die Glocken: Sie hängen hoch, damit ihr Schall weit zu hören ist. Die Glocken sollen die Gläubigen zum Gottesdienst „rufen“. Das war vor allem früher wichtig, als die einfachen Leute noch keine Uhren besaßen. Das Geläut der Glocken kündigt an, dass bald die Messe beginnt. Die Glocken läuten auch zu bestimmten Tageszeiten und laden zum Gebet ein. Morgens, mittags und abends wird der „Engel des Herrn" gebetet. Noch heute wird in kleineren Gemeinden durch die Totenglocke bekannt gegeben, dass jemand gestorben ist.

Orgel

Die Orgel gilt als „Königin der Instrumente". Sie hat einen herrlichen Klang, kann laut oder leise spielen. Die Orgel ist wie kein anderes Instrument geeignet den Gesang der Gemeinde zu unterstützen. Von Gründonnerstag bis zur Osternacht „schweigt" sie allerdings; das erinnert an die Grabesruhe Christi.

Warum haben Kirchen Dächer –
lassen nicht den Himmel ein?
Warum ists hier dämmrig dunkel
ohne warmen Sonnenschein?

Suchend blick ich in die Höhe.
Seh der Gewölbe reiche Last.
Draußen warm die Sonne scheint –
drinnen friere ich als Gast.

Hell strahlt mir der Tag entgegen,
als die Kirche schließlich aus.
„Gott, um endlich dich zu finden
bau ich dir mein eignes Haus!“

(Christel Kochanek)

7. Kapitel

Symbole: Eine Sprache, die alle Christen verstehen

Symbole sind Zeichen, die etwas verdeutlichen wollen, was man eigentlich nicht sehen kann oder was nur schwer auszudrücken ist. Wer einem anderen eine Rose schenkt, sagt damit:
„Du bist mir wertvoll, ich mag dich gern."
In der Liturgie gibt es viele Symbole.
Sie erzählen uns von der Zuneigung Gottes.

Licht

Dunkelheit macht den Menschen Angst. In einem finsteren Keller sind wir froh wenigstens eine kleine Taschenlampe bei uns zu haben. Das ganze Leben empfinden manche Menschen als schwarze Nacht, wenn sie schlimme Sachen erleiden müssen. Da sagt

Jesus dann: „Ich bin das Licht der Welt. Ich mache eure Dunkelheit hell. Ihr braucht keine Angst zu haben.“

Das Licht der Kerzen, die von Ministranten zur Lesung des Evangeliums gehalten werden, ist ein Symbol. Auch die Lichter am Weihnachtsbaum oder die Kerzen in der Osternacht erinnern an Jesus, das Licht der Welt. Jede Kerze kann diese Botschaft vermitteln.

Licht braucht alles, was lebt.
Wenn sich morgens die Dunkelheit hebt,
leben Kinder, Blumen und Tiere auf,
ein neuer Tag nimmt seinen Lauf.

Trotz Lampen kann es sie geben:
Finsternis in unserem Leben.
Obwohl die Sonne scheint,
hört man ein Kind, das weint.

Gott sagt:
„Du brauchst nicht ängstlich sein,
so fürchte dich doch nicht.
Ich trag dich, du bist nicht allein;
auf jede Nacht folgt Licht!"

Wasser

Ohne Wasser ist kein Leben möglich: Pflanzen, Tiere und Menschen brauchen Wasser. Aber es stillt nicht nur den Durst, wir waschen uns und unsere Kleider damit. Schließlich macht es Spaß darin zu baden und zu schwimmen. Wasser ist ein Symbol für das Leben und für die Reinigung. Gott schenkt uns das Leben. Er will alles wegnehmen, was uns von ihm trennt. Uns trennt von Gott die Schuld. Die Vergebung der Schuld ist wie eine Reinigung der Seele.

Das Symbol „Wasser" verdeutlicht bei der Taufe, dass Gott das Leben schenkt. Immer wenn wir mit Weihwasser das Kreuzzeichen machen, denken wir an unsere Taufe. Die Händewaschung bei der Gabenbereitung ist ein Zeichen, dass der Priester mit reinem Gewissen vor Gott treten will.

Brot und Wein

In vielen Ländern der Erde ist Brot das Grundnahrungsmittel. Brot haben bedeutet auch satt werden können. Der Wein ist ein herrliches Getränk: Er schmeckt gut und macht fröhlich. Wein haben bedeutet Freude genießen. Wein ist nicht lebensnotwendig, aber er steht für die schönen Stunden unseres Lebens. Gott will nicht, dass die Menschen hungern müssen. Er will uns satt und fröhlich beim Fest sehen. Doch die Sättigung durch unser Brot hält nicht lange an. Schon bald haben wir wieder Hunger. Und wir hungern nicht nur nach Brot, sondern nach Vergnügen, nach Anerkennung und Liebe, nach Freiheit und Reichtum – nach erfülltem Leben, das nicht vergeht.

Jesus sagt: „Ich bin das Brot des Lebens. Wer von diesem Brot isst, wird nie mehr Hunger haben.“ Im eucharistischen Mahl teilt er sich uns aus.

Öl

In alter Zeit waren duftende Öle und Salben schwierig herzustellen und deswegen besonders wertvoll. Die meisten Öle wurden zum Essen gebraucht und es war etwas Außergewöhnliches sie zum Einreiben zu verwenden. Daher galt eine Salbung mit Öl als ein heiliges Zeichen, das jeder verstand: Wer König oder Prophet werden sollte, dem wurde Öl auf den Kopf gegossen. Das sollte ausdrücken: „Du bist jetzt nicht mehr irgendein Mensch, sondern von Gott selbst zu deinem Dienst aufgerufen. Du handelst im Auftrag Gottes." Einer tat alles im Namen Gottes: Jesus Christus. Das griechische Wort „Christus" heißt übersetzt „Gesalbter".

In unserer Liturgie spielt die Salbung immer noch eine Rolle. Bei der Taufe, Firmung und Priesterweihe zeigt das Symbol der Salbung mit Chrisam, dem heiligen Öl: „Gott hat mich gesalbt. Ich gehöre zu Christus, dem Priester, König und Propheten." Gott schenkt den Menschen große Würde. Die Gesalbten macht er – wie Christus selbst – zu Priestern, Königen und Propheten. Jeder Christ ist aufgerufen das Evangelium in seinem Leben weiterzusagen, die Frohe Botschaft weiterzugeben.

Die Salbung mit Krankenöl zeigt den Kran-ken im Sakrament der Krankensalbung, dass Gott das Heil will - die Heilung. Wie Jesus sic schon besonders um die Kranken gekümmert hat, zeigt die Krankensalbung die besondere Zuwendung Gottes zum leidenden Menschen. Manchmal wird einer in diesem Leben nicht mehr gesund, sondern erst bei Gott.

Ringe

Ringe sind rund: Der Kreis ist ein Symbol für die Unendlichkeit. Ein Kreis hat keinen Anfang und kein Ende. So ist Gott: ohne Anfang, ohne Ende. Wir nennen das: ewig. Di Ewigkeit ist keine besonders lange Zeit, sondern außerhalb von Zeit und Raum.

Ringe aus Gold oder Silber sind Schmuck stücke. Eheringe stecken sich die Eheleute bei der Trauung gegenseitig an die Hand, als Zeichen, dass sie zusammengehören. Eheleute versprechen sich bei der Trauung Treue für ih ganzes Leben. Das ist eine große Aufgabe. Di Ringe erinnern sie daran. Der Ring will auch ein Zeichen für Gottes Zusage sein das Paar z begleiten. Und wenn eine Ehe zerbricht, sagt der Ring, dass Gott größer und stärker ist als die Menschen. Seine Treue hält ewig.

Ringe als Zeichen der Treue tragen auch Nonnen, also Frauen, die im Kloster leben. Auch Bischöfe und Äbte (Klostervorsteher) tragen Ringe.

Weihrauch

Die Beräucherung ist ein Zeichen der Verehrung. In einer feierlichen Messe werden inzensiert (beweihräuchert): die Eucharistie, das Evangelienbuch, der Altar und das Kreuz, aber auch die Gemeinde und der Priester. Der wohlriechende Weihrauchduft entsteht, wenn Harzkörnchen auf glühende Kohle gelegt werden. Dieser Brauch ist schon sehr alt und in vielen Religionen verbreitet. In Psalm 141,2 heißt es: „Wie ein Rauchopfer steige mein Gebet vor dir auf.“

Zahlen

Manche Zahlen verbinden wir mit bestimmten Eigenschaften:

Drei sind aller guten Dinge. Für den heiligen Patrick war ein ganz normales dreiblättriges Kleeblatt ein Symbol für die Heiligste Dreifaltigkeit von Gott Vater, Sohn und Heiligem Geist.

Sieben ist die Zahl der Vollkommenheit: Sieben Tage hat die Woche, sieben Töne die Tonleiter, sieben Farben der Regenbogen. Sieben Sakramente lassen uns Gottes Nähe spüren.

Zwölf Stämme Israels und zwölf Apostel – die Zwölf steht für Ordnung. So hat jeder Tag zwei mal zwölf Stunden, jedes Jahr zwölf Monate.

Die Zahl **Vierzig** steht für den Übergang: Vierzig Tage war Noach mit der Arche unterwegs, bis die Sintflut zu Ende war und Gott einen Bund mit ihm schloss. Vierzig Jahre zog das Volk Israel durch die Wüste, bis es ins Gelobte Land kam. Vierzig Tage meditierte Jesus in der Wüste. Und vierzig Tage bereiten sich die Christen in der Fastenzeit auf das Osterfest vor.

Farben

Von besonderer Symbolkraft sind die Farben. Sie stehen für bestimmte Eigenschaften. Die Farben der liturgischen Gewänder wechseln je nach Fest und Tag.

Weiß: Erst alle Farben zusammen ergeben das weiße Licht. Weiß ist die Farbe der Freude und der Reinheit. Täuflinge, Kommunionkinder und Bräute tragen weiße Kleider. Weiß wird in der Liturgie getragen an Weihnachten, Ostern und an Feiertagen von Heiligen, die keine Märtyrer waren. Außerdem ist Weiß die liturgische Farbe für die Taufe, die Trauung und die Priesterweihe.

Rot: Feuer und Blut sind rot. Blut versinnbildlicht das Leiden eines Menschen. Die lodernde Flamme, die alles entzündet, ist ein Zeichen für den Geist Gottes. Rote Gewänder zieht der Priester am Karfreitag und zu Pfingsten an, darüber hinaus an Heiligenfesten von Märtyrern. Auch bei der Spendung der Firmung tragen die mit liturgischen Diensten betrauten Personen Rot.

Violett: Schuld und Trauer kann sich wie Dunkelheit auf uns legen. Im Dunkeln sieht man den Weg nicht mehr und hat Angst. Violett ist die Farbe der Buße und der Trauer. Im Advent und in der Fastenzeit werden violette Gewänder getragen, ebenso bei der Spendung des

Bußsakramentes und der Krankensalbung. Auch bei Exequien (den Messen für Verstorbene) und zur Beerdigung ist violett die liturgische Farbe.
Grün: Bäume, Blumen und Blätter leuchten grün. Jeder grüne Grashalm zeigt: Hier gibt es Leben! Und wo es Leben gibt, gibt es Zukunft. Grün ist die Farbe der Hoffnung. An allen Tagen, an denen kein anderes Fest ist, wird Grün getragen: an Wochen- und Sonntagen im Jahreskreis.

Andere liturgische Farben gibt es eigentlich nicht. Manchmal zieht ein Priester zur Beerdigungsmesse eine schwarze Stola an. Das drückt zwar die Trauer aus, doch angemessen für Christen wäre eher das Weiß der Auferstehung. Gelegentlich wird die Farbe Blau als Farbe der Gottesmutter Maria verstanden. Zweimal im Jahr trägt der Priester Rosa: am dritten Advents- und am vierten Fastensonntag. Weil die liturgischen Texte an diesen Tagen große Freude ausdrücken, erschien das dunkle Violett nicht angemessen.

Weißes Licht besteht aus vielen Farben

Vor mehr als zwanzig Jahren ging ich ins vierte Schuljahr der Grundschule. Es war auch ein spanischer Junge in meiner Klasse: Manuel.
Er kannte keinen Karneval, roch nach Knoblauch und wir dachten, Spanien müsse unendlich weit weg sein von Deutschland. In der Messdienergruppe hatten wir damals einen Jungen aus Portugal: Miguel Rubio. Ich wusste lange Zeit nicht, was sein Vor- und was sein Nachname ist.
„Pizza“ war 1974 fast noch ein Fremdwort, „Dönerkebab“ hätte ich wohl für eine Stadt in Arabien gehalten. Schon als Zehnjähriger trug ich eine Brille und wurde deswegen „Brillenschlange“ genannt. Wenn ich beim Turnen einen roten Kopf bekam, hieß es: „Aber Georg, die Tomatenzeit ist doch vorbei!“ Wenn ich mit meiner Oma spazieren ging und es kam uns ein Mensch im Rollstuhl entgegen, dann flüsterte sie mir zu: „Glotz den bloß nicht an!“ Was dazu führte, dass ich ganz auffällig in eine andere Richtung blickte.

Wenn über die Straßen meines Heimatortes mal ein Farbiger ging, dann war das etwas Besonderes und ich hätte ihm gerne nachgeguckt. Aber natürlich wusste ich: Das gehört sich nicht.

Es hat sich viel verändert in diesen zwei Jahrzehnten: Unser Speisezettel ist längst international und deutsche Kinder haben französische oder indische Vornamen. Trotzdem gibt es aber bei fast allen Menschen noch genaue Vorstellungen davon, wie man „richtig" lebt, wer „dazugehört" und wer nicht. Die so ganz unterschiedlichen Menschen werden eingeteilt in die Gruppen „wir" und „die anderen". Das fängt beim Geschlecht an, geht über die Zugehörigkeit zur Kirche bis hin zur Nationalität: hier die Deutschen, dort die Ausländer. Man hat natürlich nichts gegen behinderte Menschen, wieso auch – aber warum haben diese dann nicht selbstverständlich die Möglichkeit überall dabei zu sein, wo sie es wollen? Auch wenn wir meinen, es sei doch „normal", dass Jungen sich in Mädchen verlieben und umgekehrt, weil es die meisten so tun: Es gibt eben auch Jungen, die sich in einen Jungen, und Mädchen, die sich in ein Mädchen verlieben.

Eigentlich fängt die Verurteilung „der anderen“ bereits an, wenn sich die Sportlichen über die Trägen lustig machen. Oder wenn solche, die fix in der Schule sind, jene nicht ernst nehmen, die ein bisschen länger brauchen um alles zu kapieren. (Und die Langsameren beschimpfen die Schnelleren als „Streber“.) Die Wohlhabenden rümpfen über die Ärmeren die Nase und die Ärmeren halten die Wohlhabenden für Verbrecher. Die schicken Schlanken machen über die Dicken ihre Witze – ach, man könnte die Liste endlos fortsetzen. In der Schule, bei der Arbeit, auch in der Ministrantengruppe finden wir dieses Verhalten die Menschen in Schubladen zu stecken: wie wir = gut, anders = schlecht ...

Weißes Licht besteht aus vielen Farben, aus den Farben des Regenbogens: Erst zusammen leuchtet das Licht so hell! Erst die Vielfältigkeit der Menschen macht die Welt komplett. Kein Mensch ist besser oder schlechter als andere, weil er etwa Deutscher ist oder weil er es eben nicht ist. Das gilt für alle Eigenschaften. Was anders ist als wir selbst – das ist uns fremd, macht Angst. Aber diese Angst ist ein schlechter Ratgeber für das bunte Leben, das so aufregend vielfältig sein kann. Auf die meisten Fragen gibt es mehr als eine Antwort, für die meisten Probleme mehr als eine Lösung. Versuchen wir doch einfach offen zu sein für die Menschen, denen wir begegnen: unabhängig von ihrem Geschlecht, ihrer Religion, ihrer Herkunft, ihrer Nationalität, ihrem Aussehen. Ob wir uns verstehen, eine „Wellenlänge" haben, darauf kommt es an.

Meine Tochter Theresia ging in einen Integrativen Kindergarten, dort sind behinderte und nicht behinderte Kinder in einer Gruppe. Von Tante Rosi wurde sie gefragt, welche Behinderungen die behinderten Kinder denn hätten. Und Theresia fragte zurück: „Was ist das: behindert?"

8. Kapitel

Miniquiz:
Weißt du Bescheid?

1. Welche Marke hat der Dienstwagen für den Oberministranten?

2. Das Fachwort für fetzige Kirchenmusik lautet ...

3. Die Einladung zu einem Zeichenkurs für Messdiener steht unter der Überschrift ...

4. Vor allem in Süddeutschland, Österreich und der Schweiz steht auf dem Programm der Messdienerstunden immer wieder:

5. In einem Staat der USA sind auffällig viele Mädchen und Jungen im liturgischen Dienst engagiert – in ...

6. Neu auf dem Markt: Italienische Gemüsesuppe, die nach Weihrauch riecht. Das Produkt nennt sich ...

7. Die Messdienergewerkschaft fordert in allen Sakristeien die Einrichtung einer ...

8. Die traditionelle Kopfbedeckung der Priester ist das Birett. Der Hut der Ministranten heißt ...

9. Die Bergwanderung der Messdiener heißt eigentlich ...

10. Badegelegenheit am Meer für rechtschreibschwache Altardiener:

Die Antworten:

1. Minigolf
2. Minirock
3. Minimal
4. Miniski
5. Minnesota
6. Minestrone
7. Minibar
8. Minarett
9. Miniatur
10. Ministrant

Pit wird zum Pastor gerufen. Der hält ihm vor, dass er von anderen Ministranten gehört habe, er mache schlechte Witze über ihn. – Doch Pit weiß sich zu verteidigen: „Zu mir, Herr Pastor, sagen die immer, dass meine Witze über Sie recht gut sind!"

9. Kapitel

Haltungen: Feierliche Gymnastik

Im Gottesdienst wird alles zum Zeichen – auch unsere Körperhaltung. Grundsätzlich bemühen sich die Ministranten um ruhige und schöne Bewegungen ohne künstlich wie Tänzerinnen oder Roboter zu wirken. Es geht hier nicht etwa darum „Frommsein" zu spielen, sondern aufmerksam bei der Sache zu sein. Dabei helfen die Haltungen.

gefaltete Hände

Um beten zu können ist es wichtig zur Ruhe zu kommen. Damit unser Geist zur Ruhe kommen kann, soll auch der Körper seine Aktivitäten einschränken. Die fleißigen Hände, die sonst einen Stift, einen Tischtennisschläger oder eine Gabel halten, werden dadurch beruhigt, dass wir sie falten. Es gibt verschiedene Möglichkeiten: Die Hände können flach mit den Innenseiten aufeinander liegen oder die Finger können ineinander verschränkt sein.

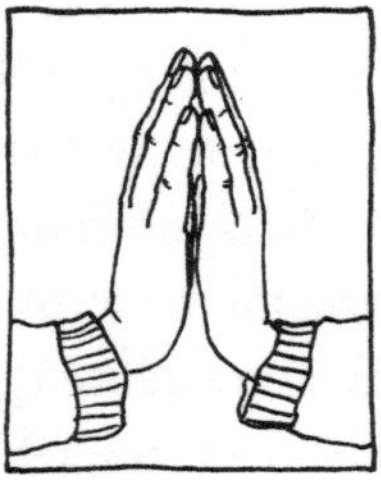

flache Hände

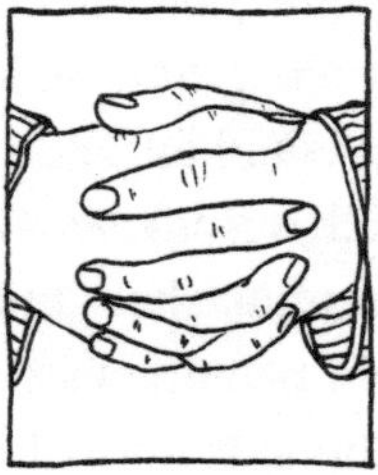

verschränkte Finger

Gehen

Gehen ist eine ganz natürliche Tätigkeit. Im Gottesdienst wird unser ruhiges (nicht betont langsames) Gehen zum Zeichen des Unterwegsseins. Wir machen uns auf den Weg, Gott entgegen. Für Ministranten, die paarweise zum Altar ziehen, ist es wichtig, dass sie stets nebeneinander gehen, nicht so, dass einer trödelt und der andere nach vorn prescht.

Stehen

Wenn ein Besuch eintritt, stehen wir auf um ihn zu begrüßen. So stehen wir auch in der Messe in besonders wichtigen Augenblicken auf, zum Beispiel, wenn das Evangelium verkündet wird oder das Hochgebet mit der Präfation beginnt. Stehen ist ein Zeichen für Aufmerksamkeit und Bereitschaft. Wer steht, kann sich aufmachen. Zwischen verkrampftem Strammstehen und bequemem Herumlümmeln bemühen sich die Ministranten um eine schöne Haltung beim Stehen. Sie lehnen sich nirgendwo an und halten die Füße so nebeneinander, dass sie einen sicheren Stand haben.

Sitzen

Wer sich ausruhen möchte, setzt sich hin. In der ruhigen Haltung des Sitzens können wir aufmerksam den Texten der Heiligen Schrift oder der Predigt zuhören. Beim Sitzen halten die Ministranten den Oberkörper aufrecht. Sie lassen die Beine nebeneinander stehen und schlagen sie nicht übereinander. Die Hände liegen ruhig auf den Knien.

Verneigung/Kniebeuge

Sich kleiner machen, als man ist, gilt als Zeichen der Verehrung. In asiatischen Ländern grüßt man sich durch eine Verbeugung. Wir kennen in unserer Liturgie verschiedene Abstufungen: Nach der Gabenbereitung beispielsweise verneigen sich die Ministranten vor dem Priester und der Priester vor den Ministranten, als Zeichen des Dankes. Dabei wird der Kopf geneigt. Vor dem Altar oder dem Kreuz verbeugen sich die Ministranten. Dabei wird der ganze Oberkörper geneigt. Die Kniebeuge schließlich ist das größte Zeichen der Hochachtung. Sie wird vor dem Tabernakel ausgeführt. Nicht aus dem Gehen heraus, sondern aus dem Stand wird das rechte Knie in Höhe der linken Ferse gebeugt, sodass es den Boden berührt - ohne dumpfen Knall bitte. Eine besondere Form ist die so genannte „doppelte Kniebeuge“. Sie wird vor der ausgesetzten Monstranz praktiziert. Während wir in der „normalen“ Kniebeuge am Boden verharren, wird zusätzlich das linke Knie neben das rechte gesetzt; so kniet man für einen kurzen Augenblick auf beiden Knien, verneigt sich und steht dann zunächst mit dem linken Bein wieder auf.

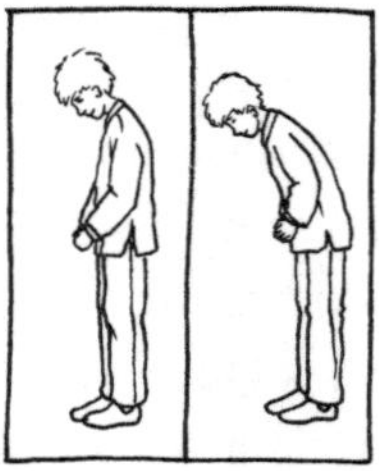

geneigter Kopf,
geneigter Oberkörper

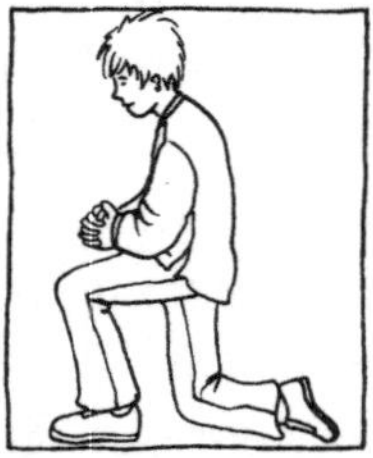

Kniebeuge

Knien

Vor jemandem zu knien ist ein Ausdruck der Hingabe. Christen bekennen, dass sie ganz von Gott abhängig sind. Vor ihm knien sie bittend und dankend. Angemessen ist das Knien zur Wandlung und zum Hochgebet. In manchen Gemeinden kniet man sich auch noch einmal nach dem Agnus Dei („Lamm Gottes“) hin, wenn die gebrochene Hostie hochgehalten wird. Außerdem ist nach dem Kommunionempfang beim Knien Gelegenheit in Ruhe zu beten. Ministranten lernen sowohl beim Hinknien als auch beim Wiederaufstehen ihr Gewand - Talar oder Kutte - so zu raffen, dass sie sich nicht darin verfangen und stolpern.

Kreuzzeichen

Das Kreuz ist das Zeichen der Christen. Sie bekennen: Aus dem Kreuzestod von Jesus von Nazaret ist allen Menschen Gutes erwachsen. Wenn wir das Kreuzzeichen machen, erinnern wir uns daran. Wir stellen uns damit unter das Kreuz. Beim großen Kreuzzeichen berührt die rechte Hand die Stirn, die Brust, die linke und die rechte Schulter: Der ganze Mensch, seine Seele, sein Leib und sein Geist gehören Gott. Das *große* Kreuzzeichen steht am Beginn und Ende des Gottesdienstes. Zum Evangelium machen wir das *kleine* Kreuzzeichen:
Mit dem Daumen der rechten Hand zeichnen wir ein Kreuzchen auf die Stirn, auf den Mund und auf das Herz. Das soll uns sagen: Wir sollen die Gute Nachricht mit dem Verstand bedenken, im Herzen bewahren und mit dem Mund verkünden.

Vor der Messe knöpft sich der Kaplan den Ministranten Armin vor: „Übrigens, so was Schlimmes wie deinen gestrigen Ministrantendienst habe ich noch nicht erlebt!“
„Kann schon sein“, sagt Armin, „aber Sie haben ja den von heute noch nicht erlebt.“

Bitten, Loben, Danken:
Gebet kennt keine Schranken.
Weinen, Singen, Klagen,
ungeklärte Fragen:
Gott kann ich es sagen!

Ob Kirche oder Straßenbahn,
ein jeder Ort bietet sich an.
Im Bett oder beim Fußball,
im Schulbus oder Kuhstall:
Gott hört mich überall!

Allein oder in froher Runde,
beten kann ich jede Stunde.
Ob Sonne oder Regen,
auf allen meinen Wegen:
Gott kommt mir entgegen!

10. Kapitel

Dienste: Es gibt viel zu tun ...

Ministranten üben im Gottesdienst verschiedene Handreichungen aus. Das sind alles keine schweren Arbeiten und im Notfall kann ein Gottesdienst auch ohne Ministranten stattfinden. Die Ministranten sind aber mehr als ein schöner Schmuck: Sie vertreten die ganze Pfarrgemeinde am Altar. Wenn sie mit ihren Kerzen zum Evangelium leuchten, dann bringen sie damit die Verehrung der Gläubigen zum Ausdruck. Und wenn sie den Altar decken, dann bringen sie damit die Gaben aller Anwesenden.

Unterschiedliche Aufgaben nehmen die Ministranten wahr: Manche mögen interessanter sein als andere – mit Weihrauch zu inzensieren macht mehr Spaß als zu kollektieren. Es gibt verschiedene Dienste, aber alle sind gleich wertvoll.

Akolyth

Die Akolythen (sprich: Akolüten) decken zur Gabenbereitung den Altar. Sie bringen die Hostienschale, den Wein und den Kelch, sie reichen dem Priester Wasser und das Tuch zur Händewaschung. Nach der Kommunion bringen sie dem Priester Wasser zur Reinigung der Geräte und decken den Altar ab. In der Regel benötigt man zwei Akolythen für die Messe. Das Wort „Akolyth" leitet sich vom griechischen Wort für „Begleiter" ab. Eigentlich bezeichnet es heute eine Vorstufe zum Diakonenamt. Die offiziellen Akolythen werden vom Bischof beauftragt. Sie versehen im Grunde die Aufgaben der „normalen" Ministranten. Daher scheint es angemessen auch diejenigen Messdiener Akolythen zu nennen, die den Altar bereiten.

Zeroferar

Die Zeroferare sind Leuchterträger. Zwei Zeroferare treten zum Evangelium neben den Priester an den Ambo. Bei festlichen Anlässen können beliebig viele Zeroferare teilnehmen. „Zeroferar" kommt aus der lateinischen

Sprache und bedeutet: Fackel- oder Kerzenträger. Es ist kein Problem die Zeroferare in der Liturgie der Pfarrgemeinde einfach als „Kerzenträger“ zu bezeichnen. Sie tragen ein wichtiges Symbol (siehe Kapitel: Symbole).

Navikular

Der Navikular trägt die Dose mit den Weihrauchkörnern. Diese Büchse ist halbrund geformt und sieht ein bisschen aus wie ein Schiffchen (lateinisch: navicula). Von ihr her hat der Navikular seinen Namen: „Navikular“ heißt aus der lateinischen Sprache übersetzt „Schiffchenträger“. Er reicht dem Priester die Dose, wenn er Weihrauch einlegen will. Der Navikular kann bei Bedarf auch selbst Weihrauch nachlegen.

Zeroferar

Navikular

Thuriferar

Der Thuriferar handhabt das Weihrauchfass. Das ist nicht nur eine verantwortungsvolle Tätigkeit, weil sich ja glühende Kohle darin befindet. Der Thuriferar reicht dem Priester oder Diakon das Weihrauchfass. Er inzensiert (beweihräuchert) selbst den Priester und die Gemeinde nach der Gabenbereitung; bei der Wandlung oder bei einem sakramentalen Segen die emporgehaltenen eucharistischen Gaben. „Thuriferar" ist die lateinische Fassung des Begriffs „Weihrauchfassträger".

Thuriferar

Kruzifer

Kruzifer

Bei feierlichen Gottesdiensten, beispielsweise an Hochfesten oder wenn der Bischof anwesend ist, wird der Einzug der Ministranten und Priester von einem Kreuzträger angeführt. „Kruzifer“ ist lateinisch und heißt übersetzt „Kreuzträger“. Der Kruzifer muss stark genug sein ein schweres Vortragekreuz halten zu können. Ein Kreuz wird auch mitgetragen, wenn sich eine Trauergemeinde auf den Weg zum Grab macht. Außerdem wird bei allen Prozessionen ein Kreuz vorangetragen.

Zeremoniar

Für große Gottesdienste, bei denen manches anders ist als in einer normalen Messe und an denen viele Ministranten teilnehmen, gibt es den Zeremoniar. Er dirigiert den Ablauf und weiß genau, was wer wann zu tun und zu lassen hat. Der Zeremoniar muss ein erfahrener Ministrant sein, der sich in der Liturgie gut auskennt. Den Ablauf des Gottesdienstes hat er mit dem Priester abgesprochen und übt ihn vorher mit den Ministranten ein. Häufig versieht der Oberministrant den Dienst des Zeremoniars.

Ich bin ich –
nicht aus Zucker, nicht aus Gold;
dass ich bin,
das hat Gott gewollt.

Du bist du –
ein Engel mit ’nem B;
dass du bist,
war auch Gottes Idee.

Wir sind wir –
Gott sieht uns an und lacht;
denn dass wir sind,
hat er ja gemacht.

11. Kapitel

Geräte, Gewänder, Bücher: Zubehör für das heilige Spiel

Ein Ministrant hat mit allerlei Dingen zu tun, die sich im Leben außerhalb der Kirche nicht finden: mit ungewöhnlichen Kleidern, die nur im Gottesdienst getragen werden, mit besonderen Geräten oder Büchern für die Messe. Manche dieser Sachen bedient der Ministrant. Aber auch jene, die er nicht selbst benutzt, sollte er kennen um sie anreichen zu können.

Geräte und Beigaben

Auf der Kredenz stehen für die Gabenbereitung:

Kelch

großer Trinkbecher, aus wertvollem Metall gearbeitet

Patene

kleine Hostienschale, die auf dem Kelch liegt – ein Tellerchen aus Metall

Kelch

Patene

Palla

weißer, quadratischer Deckel zum Abdecken des Kelches; aus Stoff gemacht, mit etwas Hartem innen verstärkt

Korporale

weißes, gefaltetes Tuch in quadratischer Form, auf das später Kelch und Hostienschale gestellt werden

Kelchtuch

kleineres weißes Tuch zur Reinigung des Kelches nach der Kommunion

Kelchvelum

Tuch aus dem gleichen Stoff wie das Messgewand, wird über den Kelch mit der Palla gelegt

Ziborium

große Hostienschale aus Metall

Kännchen mit Wasser

(vielleicht mit einem „A“ gekennzeichnet, für das lateinische „aqua“ = Wasser)

Kännchen mit Wein

(vielleicht mit einem „V“ gekennzeichnet, für das lateinische „vinum“ = Wein)

Ziborium

Kännchen mit Wasser, Kännchen mit Wein

Lavaboschale und Lavabotuch

Schale zur Händewaschung und kleineres Handtuch zum Abtrocknen

Sonstige Geräte:

Monstranz

kostbares Gefäß aus Metall mit einem Glasfenster in der Mitte; hierin wird die Hostie gezeigt

Monstranz

Custodia

in dieser Dose wird die große Hostie für die Monstranz im Tabernakel aufbewahrt

Pyxis

kostbare Dose, in der die heilige Kommunion zu den Kranken gebracht wird

Vortragekreuz

Kreuz oder Kruzifix an einem Stab, der so hoch wie ein Erwachsener ist; wird bei feierlichen Gottesdiensten, Prozessionen und Beerdigungen verwendet

Schiffchen

schiffsförmiger Behälter für Weihrauchkörner

Aspergill

Wedel aus Borsten oder Schwämmchen in einer durchlöcherten Metallkugel; damit wird das Weihwasser verteilt

Schiffchen

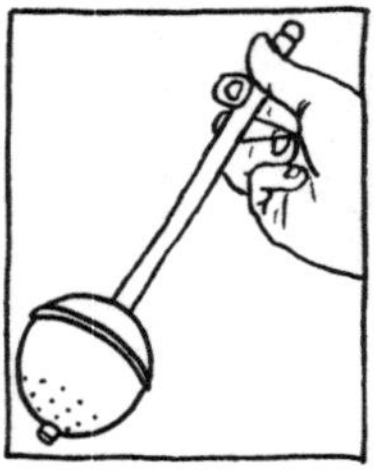

Aspergill

Schellen

Glöckchen oder Gong zum Zeichengeben während der Messe

Klingelbeutel

Körbchen oder Samtbeutel an einem Stiel zum Kollektieren (Einsammeln der Spenden)

Weihwassergefäß

Eimerchen aus Metall, in dem sich Weihwasser befindet

Weihrauchfass

Gewänder des Priesters (Paramente)

Bei der Messe:

Messgewand

weites, an den Seiten offenes Kleid; wird in den liturgischen Farben getragen

Messgewand

Stola

Stola

eine Art,Schal, den sich der Priester um den Hals legt und nach unten hängen lässt; kann über oder unter dem Messgewand getragen werden; ebenfalls in der jeweiligen liturgischen Farbe gehalten

Zingulum

weißer Gürtel, der die Albe rafft

Albe

weißes Untergewand, das bis zum Knöchel reicht

Schultertuch

wird als eine Art Kragen um den Hals gelegt

Albe

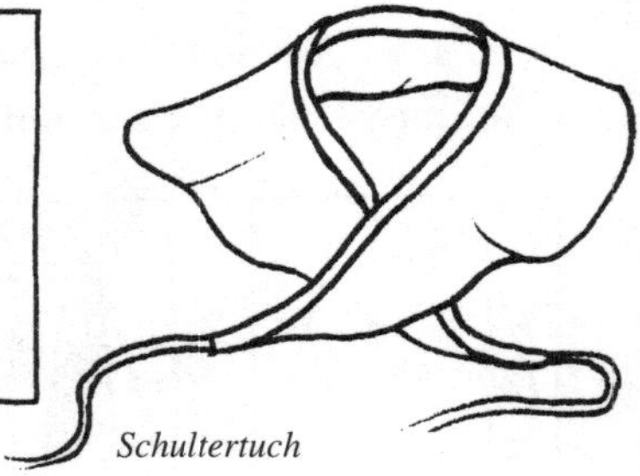

Schultertuch

Bei anderen Gottesdiensten:

Talar

langer, schwarzer Mantel, der bis zu den Knöcheln reicht (Früher trugen die Priester auch außerhalb der Kirche einen Talar. Dieser wird Soutane genannt und hat 33 Knöpfe – für jedes Lebensjahr Jesu einen.)

Rochett

weiter, weißer Überwurf über dem Talar, eine Art Hemd; wird auch Chorhemd genannt

Talar

Rochett

Birett

unmodern gewordene schwarze Kopfbedeckung außerhalb der Kirche

Chormantel (oder Chorrock)

weiter, ärmelloser Mantel

Velum

breites Tuch, das dem Priester über die Schultern gelegt wird, wenn er die Monstranz anfasst (Dabei nimmt er sie nicht direkt in die Hände, sondern ergreift sie mit den im Velum für die Hände eingelassenen Stofftaschen.)

Velum

Chormantel

Bücher

Messbuch

Buch mit Gebeten und Hinweisen für die Messfeier; wird auch Missale genannt

Lektionar

Buch mit Textabschnitten der Bibel für die Messfeier

Rituale

für die Sakramentenspendungen gibt es jeweils ein Buch mit den entsprechenden Gebeten

Benediktionale

Buch mit Segensgebeten für alle Anlässe

Gotteslob

Gebet- und Gesangbuch für alle Gläubigen

Stundenbuch

Gebetbuch der Priester, Diakone und Ordensleute mit Psalmen, Lesungen und Hymnen; wird auch Brevier genannt

Minis tragen Maxi

Die liturgische Kleidung der Ministranten ist in der Regel für alle Gottesdienstarten die gleiche. Sie tragen gewöhnlich einen (ärmellosen) Talar und darüber ein Rochett. Der Talar kann schwarz beziehungsweise der liturgischen Farbe entsprechend rot, grün oder violett sein. Früher war in der gleichen Farbe ein breiter Kragen üblich. Immer mehr setzen sich heute weiße oder graue Gewänder für Ministranten durch, die so genannten „Kutten“, die in ihrer Form an die Albe des

Priesters erinnern. Diese weiten Gewänder werden mit einem Zingulum auf der Höhe der Hüften gebunden. Das Zingulum – der liturgische, schnurartige Gürtel – kann naturfarben sein oder in den liturgischen Farben gehalten. Der besondere Knoten dafür muss geübt werden.

Rochett

Kutte mit Zingulum

Talar

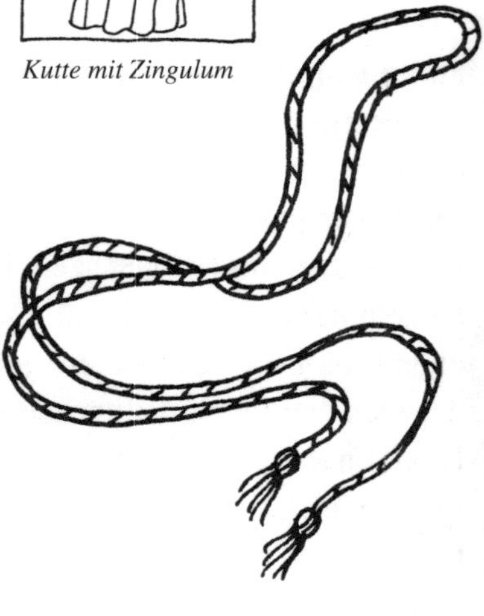

12. Kapitel

Aufbau und Ablauf der Messe: Eine unendliche Geschichte

Es gibt viele verschiedene Gottesdienstformen – von der Rosenkranzandacht bis zur Karfreitagsliturgie. Die häufigste Form ist jedoch gleichzeitig die älteste: die Feier der Eucharistie – die Messe.

Schon die ersten Christen kamen regelmäßig am Sonntag zusammen um gemeinsam über ihren Glauben zu sprechen und sich gegenseitig im Vertrauen auf Gott zu stärken. Sie lasen bei ihren Zusammenkünften in den Heiligen Schriften, beteten und sangen Lieder, sie sprachen über Brot und Wein den Segen und teilten die Gaben zum gemeinsamen Mahl aus, wie es ihnen Jesus aufgetragen hatte – zur Erinnerung an ihn. In allem dankten sie Gott: für ihr Leben, für den Glauben, für die ganze Schöpfung, für die Liebe Gottes, die sich in Jesus Christus zeigt. „Eucharistie“ ist ein griechisches Wort und heißt übersetzt: Dank sagen. Unser deutsches Wort „Messe“ kommt aus der lateinischen Sprache und bedeutet etwa „Entlassung“ oder „Sendung“. „Geht, ihr seid entlassen“, hieß es früher vor der Gabenbereitung für alle, die nicht zur Gemeinschaft der Christen gehörten – die Ungetauften oder die schweren Sünder. Sie durften während der Eucharistiefeier nicht in der Kirche sein und nicht an der Kommunion teilnehmen. Den Begriff der „Sendung“ können wir heute so verstehen, dass damit das Gesendetsein der Christen in die Welt hinein gemeint ist: Allen Menschen sollen die Gläubigen die Frohe Botschaft der Liebe Gottes weitersagen.

Bereits in der jungen Kirche bildete sich für die Treffen der Christen eine feste Form heraus. Die Feiern wurden immer nach dem gleichen Ablauf gestaltet. Die gleichen Gebete wurden gesprochen. Nach und nach entstand das, was wir heute als Messliturgie kennen. Die „Feier der Gemeindemesse“, wie sie durch das Messbuch für alle katholischen Gemeinden auf der Welt vorgesehen ist, geht in ihren Grundzügen auf die erste Generation der Christen zurück.

Die Messe kann verschieden ausgestaltet werden: als schlichte Werktagsmesse oder als feierliches Hochamt an hohen Feiertagen. Ihre Grundform ist jedoch immer gleich. Ministranten müssen nicht jedes Fachwort kennen, sollten aber mit dem Ablauf der Messe vertraut sein. Das ist nicht nur wichtig um die Dienste recht versehen zu können. Nur wer den Ablauf der Messe kennt, kann auch ihren Spannungsbogen verstehen: Die Messe ist ja keine wahllose Aneinanderreihung frommer Texte, sondern ein heiliges Spiel, das uns das Leben des Jesus Christus erzählt. Und nur wer den Aufbau der Messe recht versteht, kann die Feier der Eucharistie bewusst mitfeiern. Diese unendliche Geschichte, die immer wieder neu und anders ist, weil wir sie immer mit anderen Ohren hören.

Aus zwei Hauptteilen besteht die Messe: Wortgottesdienst und Mahlfeier. Beide Hauptteile sind wiederum in kleinere Sinnabschnitte unterteilt.

Wortgottesdienst

Eröffnung:

Wir bereiten uns auf die Feier der Begegnung mit Gott vor

Einzug: Priester und Ministranten ziehen feierlich zum Altar: ein Zeichen für unser Unterwegssein zu Gott.

Begrüßung: Die Gemeinde kommt in Gottes Namen zusammen: im Namen des Vaters, des Sohnes und des Heiligen Geistes.

Schuldbekenntnis – Vergebungsbitte: Schuld trennt uns von Gott – wir sprechen sie aus und erfahren Vergebung.

Kyrie: Wir begrüßen Jesus Christus in unserer Mitte.

Gloria: Wir loben Gott wie einst die Engel auf dem Feld von Betlehem: Ehre sei Gott und Friede auf Erden!

Tagesgebet: Der Priester fasst das stille Gebet der Gemeinde zusammen.

Verkündigung:

Wir begegnen Jesus Christus im Wort

Lesung: Wir hören von den Erfahrungen, die Menschen mit Gott gemacht haben.
Zwischengesang: Über das gehörte Wort denken wir nach.
(2. Lesung und 2. Zwischengesang)
Hallelujaruf: Wir grüßen Jesus Christus, der im Evangelium selbst zu uns spricht.
Evangelium: Die Frohe Botschaft ist heute so aktuell wie vor 2000 Jahren.
Predigt: Was hat das Wort Gottes uns hier und heute zu sagen? Das versucht die Predigt zu erklären.
Glaubensbekenntnis: Das Evangelium kann in unserem Leben nur wirken, wenn wir ihm Glauben schenken. Wir bekennen den Glauben vor Gott und der Welt.
Fürbitten: Diese Welt und alle Anliegen, die wir auf dem Herzen haben, bringen wir vor Gott.

„Wenn man genau hinsieht, steckt in jedem Grashalm eine Predigt“, hatte der Pastor in der letzten Sonntagspredigt gesagt. – Als Ministrant Holger am nächsten Tag den Pastor beim Rasenmähen antrifft, meint er: „Ah, das ist gut, Herr Pastor, dass Sie Ihre Predigten kürzen!“

Mahlfeier

Eucharistiefeier:

Wir begegnen Jesus Christus im Mahl

Gabenbereitung – Gabengebet: Die Gaben – Brot und Wein – stehen stellvertretend für alles, was wir sind und haben.

Hochgebet:

Präfation: Wir erinnern uns an die großen Taten, die Gott für die Menschen vollbracht hat.

Sanctus: Wo Gott ist, da ist es heilig. Da man „heilig“ nicht steigern kann, rufen wir dreimal „heilig“. Wie einst die Menschen beim Einzug Jesu nach Jerusalem flehen wir: „Hosanna!“ Das ist hebräisch und heißt übersetzt: „Hilf doch!“

Einsetzungsbericht (Wandlung): Erinnerung wird Gegenwart: In der Wandlung wird aus Brot und Wein, wie Jesus gesagt hat, sein Fleisch und Blut.

Vaterunser: Wir sprechen das große Gebet der Christen als Tischgebet. Jesus selbst hat es uns gelehrt.

Friedensgebet mit Friedensgruß: Gemeinschaft können wir nur erfahren, wenn Frieden herrscht.

Agnus Dei: Jesus ist gestorben und auferstanden: Das Brechen des Brotes stellt seinen Tod dar.

Kommunion: Der große Gott macht sich ganz klein: Mit dem Brot, das wir empfangen, schenkt er uns Gemeinschaft mit ihm und untereinander.

Schlussgebet: Wort und Sakrament sind wertvolle Gaben. Wir danken Gott dafür und bitten, sie mögen Frucht bringen in unserem Glauben und unserem Leben.

Entlassung:

Die Messe endet, aber der Gottesdienst unseres Lebens geht weiter

Vermeldungen: Das Leben außerhalb der Messe gehört in den Gottesdienst hinein: Anliegen der Pfarrgemeinde werden weitergegeben.

Segen: Gottes Nähe auf allen Wegen wird uns zugesprochen.

Entlassungsruf: Die Messe ist eine Sendung in die Welt hinaus.

Auszug: Der Gottesdienst hat ein Ende. Der Kontakt zu Gott sollte damit aber nicht bis zum nächsten Sonntag abbrechen.

Gottesdienst geht weiter!
Ein Wort, ein Lied,
einen Moment spürbarer Nähe Gottes
können wir bestimmt mit nach Hause nehmen.
Etwas wurde uns geschenkt.
Wer die Messe mitfeiert,
sich öffnet für die Begegnung mit Gott,
geht anders, als ein anderer,
als er gekommen ist.

Wir gehen wieder auseinander,
jeder Mensch in seine Welt,
in seinen Alltag,
nicht aber ohne Gottes Segen,
ohne seinen Zuspruch:
„Ich bin bei euch alle Tage,
bei euch als Gemeinde,
bei jeder und jedem Einzelnen.
Ich bin bei euch, für euch da."
Wir machen noch einmal das Kreuzzeichen,
schließen den großen Kreis der heiligen Feier,
schließen noch einmal den ganzen Menschen mit ein.
Gehet hin in Frieden!
Gehet hin und bringt Frieden
in diese Welt, in eure Familien, eure Umgebung.
Messe heißt eigentlich: Sendung.
Wir sind gesendet
von Christus als Christen,
als Verkünder der Frohen Botschaft,
als lebendige Beispiele
für die Lebendigkeit Gottes, für seine Liebe,
die allen Menschen gilt.
Wir gehen auseinander

und bleiben dennoch verbunden durch ihn.
Unser Dienst für Gott
hat sich jetzt zu beweisen.
Gottesdienst und Alltag,
Beten und Arbeiten gehören zusammen.
Unser Dienst an Gott muss sich bewähren.
Gottes Dienst an uns hört niemals auf.
Ein letztes Mal sagen wir,
was die ganze Messe sagen will:
Dank sei Gott, dem Herrn.

In der Religionsstunde wird über die heilige Messe gesprochen. – „Welchen Sinn haben die kirchlichen Zeremonien?“, fragt der Kaplan. – Das weiß Ida: „Sie bewirken, dass alles lange genug dauert.“

13. Kapitel

Verschiedene Gottesdienste: Das gleiche Thema in vielerlei Formen

Die Hauptaufgabe des Ministranten ist sein Dienst bei der Messe. Daneben gibt es allerdings noch eine Reihe anderer Gottesdienstarten, bei denen er in Aktion tritt.

Taufe

Bei der Taufe reicht der Ministrant dem Taufspender (Diakon oder Priester) die heiligen Öle und das Taufwasser. Wenn kein Taufbecken vorhanden ist, hält er eine Schale unter den Kopf des Kindes. Anschließend gibt der Ministrant den Eltern oder Paten ein Tuch zum Abtrocknen. Am Ende der Tauffeier hält er dem Taufspender das Taufrituale hin, damit dieser mit ausgebreiteten Armen den Segen über das Kind, seine Eltern, die Paten und die ganze Taufgemeinde sprechen kann. Die Taufe wird häufig als eigener Gottesdienst gefeiert, kann jedoch auch innerhalb einer Messe nach der Predigt stattfinden.

Trauung

Bei der Hochzeit trägt der Ministrant das Tablett mit den Ringen und das Weihwasser. Er hält dem Priester oder Diakon das Trauungsrituale hin, damit dieser mit ausgebreiteten Armen den Segen über die Ringe und das Brautpaar sprechen kann. Wie die Taufe wird die Trauung oft als eigener Gottesdienst gefeiert, sie kann aber auch innerhalb einer Messe nach der Predigt vor sich gehen.

Beerdigung

Eine Beerdigung findet häufig im Anschluss an die Messe für den Verstorbenen statt (Exequien). Der Priester oder Diakon und die Ministranten gehen dann zur Friedhofskapelle. Die Ministranten tragen ein Kreuz und Weihwasser. In der Kapelle stehen sie vor oder neben dem Sarg. Nach der kleinen Andacht gehen sie mit dem Priester oder

Diakon vor dem Sarg in Prozession zum offenen Grab. Dort reichen sie das Weihwasser und das Kreuz an.

Andachten

Zu verschiedenen Anlässen können Andachten gehalten werden. Andachten sind Gottesdienste ohne Sakramentenspendung, in denen gebetet und gesungen wird: z. B. Rosenkranzandacht, Kreuzweg, Maiandacht, Bußandacht, Andacht am Sonntagnachmittag, Segnungsandacht; auch die Vesper – das feierliche Abendgebet – ist eine Andacht. Ministranten begleiten den Priester oder Diakon mit Leuchtern. Einen besonderen Dienst bei der Andacht leisten die Ministranten, wenn der sakramentale Segen gespendet wird. Dann bedienen sie das Weihrauchfass und legen dem Zelebranten (dem, der der Feier vorsteht) das Velum um. Beim Segen selbst inzensieren und schellen sie. Anschließend nehmen sie das Velum wieder ab.

Firmung

Die Firmung wird vom Bischof meistens während einer Messe gespendet. Die Ministranten halten während des Hochamts in bestimmten Phasen seinen Stab und seine Mitra. Zur Firmung, die im Anschluss an die Predigt erfolgt, reichen die Ministranten dem Bischof das Chrisam. Anschließend, wenn alle Firmlinge das Sakrament empfangen haben, bringen sie dem Bischof Kleie zur Reinigung der Hände. Außerdem bekommt der Bischof noch einmal nach der Kommunion Wasser und Tuch zur Händewaschung gereicht.

außergewöhnliche Gottesdienstformen

Es gibt noch eine Reihe anderer Gottesdienstformen, die in vielen Pfarrgemeinden allerdings eher selten sind: die Aufnahme erwachsener Getaufter in die Kirche, Priesterweihen, Feiern der Ordensprofess ... Auch bei diesen Gottesdiensten versehen die Ministranten verschiedene Dienste, für die sie eigens vorher eingewiesen werden.

Wie? Siebenmal vergeben?
Das klappt doch nie im Leben!

Wir sind daran gewöhnt:
Mancher weint und stöhnt;
böse Worte, Fetzen fliegen,
alle kämpfen, wollen siegen,
nie das Streiten lassen,
hauen, zanken, hassen ...

Streit mit Mund und Händen –
wie kann man den beenden?
Muss denn das Kämpfen sein?
Jesus sagt uns: „Nein!
Den Frieden kann man lernen,
er wohnt nicht auf den Sternen.
Der Weg aus Angst und Schuld
braucht Mut und viel Geduld.

Soll es klappen, euer Leben?
Dann lernt: siebenmal vergeben ...“

Den roten Faden finden

Beim Stichwort „Berufung“ dachte man früher immer gleich, jemand ginge ins Kloster oder würde Priester. Natürlich sind das bis auf den heutigen Tag Wege dem Ruf Gottes zu folgen. Aber in „Berufung“ steckt das Wort „Beruf“: Auf dieser Erde benötigen wir neben Bischöfen und Nonnen eben auch Busfahrerinnen, auf die wir uns verlassen können, verantwortungsvolle Ärzte, erfahrene Architektinnen, hilfsbereite Schaffner ... An jedem Platz auf dieser Welt sind Aufgaben zu bewältigen.

Ich bin kein Märtyrer, der für seinen Glauben umgebracht wird. Ich bin kein Wissenschaftler, der Entdeckungen gemacht hat, die die Welt verändern. Doch keiner kann alles und keiner kann nichts. Jeder hat seine Aufgabe in dieser Welt, jeder seinen Platz.

Wir können gar nicht aufwiegen, was wertvoller ist: in der glühenden Sonne Afrikas das Evangelium zu verkünden oder in einer deutschen Realschule eine Aktion gegen Ausländerfeindlichkeit zu starten. Wo wir auch wohnen und was wir auch tun: Wir sind von Jesus gerufen, angesprochen, angerührt unser Leben als Christen zu leben. Wir sind getragen von der Zuneigung Gottes. Wir gehen optimistisch in die Zukunft, weil wir nicht alleine gehen. Wir wollen die Welt ein bisschen freundlicher machen.

Ich habe ein Thema für mein Leben. Es dauert seine Zeit, bis ich den roten Faden gefunden habe. Und es dauert, bis ich mein Leben akzeptieren kann: mit dem, was ich geworden, und dem, was ich nicht geworden bin. Ich entwickle mich, obwohl ich das Ziel nur ahne. Weil ich einmalig bin, kann kein anderer mir abnehmen das zu tun, wozu mich Gott berufen hat.

14. Kapitel

Texte des Gottesdienstes: Die Parole heißt nicht immer „Amen“

Früher sprachen die Ministranten stellvertretend *für* die Gemeinde die lateinischen Gebete. Heute sprechen sie *mit* der Gemeinde die Antworten auf die Zurufe des Priesters und die liturgischen Texte. Ministranten sollen die Antworten auswendig können, die Gebete mitsprechen und außerdem auch die Lieder mitsingen. Wer ein langes Gebet nicht auswendig kann, der kann es im Gotteslob aufschlagen und mitlesen. Wer regelmäßig die Messe mitfeiert, lernt die verschiedenen Texte ganz automatisch auswendig.

vor dem Gottesdienst in der Sakristei

Priester: Unsere Hilfe ist im Namen des Herrn.

Ministranten: Der Himmel und Erde erschaffen hat.

vor wichtigen Augenblicken im Gottesdienst

Priester: Der Herr sei mit euch!

Alle: Und mit deinem Geiste.

Schuldbekenntnis

Ich bekenne Gott, dem Allmächtigen,
und allen Brüdern und Schwestern,
daß ich Gutes unterlassen und Böses getan habe
– ich habe gesündigt in Gedanken, Worten und Werken
durch meine Schuld, durch meine Schuld,
durch meine große Schuld.
Darum bitte ich die selige Jungfrau Maria,
alle Engel und Heiligen
und euch, Brüder und Schwestern,
für mich zu beten bei Gott, unserem Herrn.

oder:

Priester: Erbarme dich, Herr, unser Gott, erbarme dich.

Alle: Denn wir haben vor dir gesündigt.

Priester: Erweise, Herr, uns deine Huld.

Alle: Und schenke uns dein Heil.

Kyrie („Herr, erbarme dich“)

Priester: Herr, erbarme dich (unser).

Alle: Herr, erbarme dich (unser).

Priester: Christus, erbarme dich (unser).

Alle: Christus, erbarme dich (unser).

Priester: Herr, erbarme dich (unser).

Alle: Herr, erbarme dich (unser).

oder:

Priester: Kyrie eleison.

Alle: Kyrie eleison.

Priester: Christe eleison.

Alle: Christe eleison.

Priester: Kyrie eleison.

Alle: Kyrie eleison.

Gloria

Ehre sei Gott in der Höhe
und Friede auf Erden den Menschen seiner Gnade.

Wir loben dich,
wir preisen dich,
wir beten dich an,
wir rühmen dich und danken dir,
denn groß ist deine Herrlichkeit:
Herr und Gott, König des Himmels,
Gott und Vater, Herrscher über das All,
Herr, eingeborener Sohn, Jesus Christus.

Herr und Gott, Lamm Gottes, Sohn des Vaters,
du nimmst hinweg die Sünde der Welt:
erbarme dich unser;
du nimmst hinweg die Sünde der Welt:
nimm an unser Gebet;
du sitzest zur Rechten des Vaters:
erbarme dich unser.

Denn du allein bist der Heilige,
du allein der Herr,

du allein der Höchste:
Jesus Christus,
mit dem Heiligen Geist,
zur Ehre Gottes des Vaters. Amen.

nach der Lesung

Lektorin/Lektor: Wort Gottes!

oder:

Wort des lebendigen Gottes!

oder:

Das sind heilige Worte!

Alle: Dank sei Gott.

zum Evangelium

vorher:

Priester: Aus dem heiligen Evangelium nach ...

Alle: Ehre sei dir, o Herr.

nachher:

Priester: Das heilige Evangelium stärke unseren Glauben!

oder:

Herr, durch dein Evangelium nimm hinweg unsere Sünden.

oder:

Evangelium unseres Herrn Jesus Christus!
Alle: Lob sei dir, Christus.

Credo (Glaubensbekenntnis)

Ich glaube an Gott,
den Vater, den Allmächtigen,
den Schöpfer des Himmels und der Erde,
und an Jesus Christus,
seinen eingeborenen Sohn, unsern Herrn,
empfangen durch den Heiligen Geist,
geboren von der Jungfrau Maria,
gelitten unter Pontius Pilatus,
gekreuzigt, gestorben und begraben,
hinabgestiegen in das Reich des Todes,
am dritten Tage auferstanden von den Toten,
aufgefahren in den Himmel;
er sitzt zur Rechten Gottes, des allmächtigen Vaters;
von dort wird er kommen, zu richten die Lebenden und die Toten.
Ich glaube an den Heiligen Geist,
die heilige katholische Kirche,
Gemeinschaft der Heiligen,

Vergebung der Sünden,
Auferstehung der Toten
und das ewige Leben.
Amen.

Fürbitten
Antwort auf jede Fürbitte:
Alle: Wir bitten dich, erhöre uns.
oder:
Lektorin/Lektor: Christus, höre uns.
Alle: Christus, erhöre uns.

zum Gabengebet
Priester: Betet, Brüder und Schwestern, daß mein und euer Opfer Gott, dem allmächtigen Vater, gefalle.
Alle: Der Herr nehme das Opfer an aus deinen Händen zum Lob und Ruhm seines Namens, zum Segen für uns und seine ganze heilige Kirche.

vor der Präfation
Priester: Der Herr sei mit euch.
Alle: Und mit deinem Geiste.

Priester: Erhebet die Herzen.
Alle: Wir haben sie beim Herrn.
Priester: Lasset uns danken dem Herrn, unserm Gott.
Alle: Das ist würdig und recht.

Sanctus (Heilig)

Heilig, heilig, heilig
Gott, Herr aller Mächte und Gewalten.
Erfüllt sind Himmel und Erde
von deiner Herrlichkeit.
Hosanna in der Höhe.
Hochgelobt sei,
der da kommt im Namen des Herrn.
Hosanna in der Höhe.

nach der Wandlung

Priester: Geheimnis des Glaubens:
Alle: Deinen Tod, o Herr, verkünden wir, und deine Auferstehung preisen wir, bis du kommst in Herrlichkeit.

Vaterunser

Vater unser im Himmel,
Geheiligt werde dein Name.
Dein Reich komme.
Dein Wille geschehe, wie im Himmel so auf Erden.
Unser tägliches Brot gib uns heute.
Und vergib uns unsere Schuld,
wie auch wir vergeben unsern Schuldigern.
Und führe uns nicht in Versuchung,
sondern erlöse uns von dem Bösen.

Denn dein ist das Reich und die Kraft und die Herrlichkeit
in Ewigkeit. Amen.

Friedensgruß

Priester: Der Friede des Herrn sei allezeit mit euch!
Alle: Und mit deinem Geiste.

Agnus Dei (Lamm Gottes)

Lamm Gottes,
du nimmst hinweg die Sünde der Welt:

erbarme dich unser.
Lamm Gottes,
du nimmst hinweg die Sünde der Welt:
erbarme dich unser.
Lamm Gottes,
du nimmst hinweg die Sünde der Welt:
gib uns deinen Frieden.

Einladung zur Kommunion

Priester: Seht das Lamm Gottes, das hinwegnimmt die Sünde der Welt.

Alle: Herr, ich bin nicht würdig, daß du eingehst unter mein Dach, aber sprich nur ein Wort, so wird meine Seele gesund.

Entlassungsruf

Priester: Gehet hin in Frieden.

Alle: Dank sei Gott dem Herrn.

in der Osterwoche bis zum Weißen Sonntag:

Priester: Gehet hin in Frieden. Halleluja, Halleluja.

Alle: Dank sei Gott dem Herrn. Halleluja, Halleluja.

Außerdem gehören zu den wichtigen Gebeten:

Gebet für die Verstorbenen

Priester: Herr, gib den Verstorbenen die ewige Ruhe.
Alle: Und das ewige Licht leuchte ihnen.
Priester: Laß sie ruhen in Frieden.
Alle: Amen.

„Ehre sei dem Vater" (wird nach Psalmen und beim Rosenkranz gebetet)

Ehre sei dem Vater und dem Sohn und dem Heiligen Geist,
wie im Anfang, so auch jetzt und alle Zeit und in Ewigkeit. Amen.

Ave Maria

Gegrüßet seist du, Maria, voll der Gnade, der Herr ist mit dir. Du bist gebenedeit unter den Frauen, und gebenedeit ist die Frucht deines Leibes, Jesus.
Heilige Maria, Mutter Gottes, bitte für uns Sünder jetzt und in der Stunde unseres Todes. Amen.

Der Pfarrer hat die Familie besucht. – „Nun, Max, gib dem Herrn Pfarrer zum Abschied die Hand“, mahnt die Mutter den Jüngsten.
„Und, Max, was sagt man Schönes, wenn der Herr Pfarrer geht?“ – „Gott sei Dank!“

15. Kapitel

Das Kirchenjahr: In der Ewigkeit gibts keine Zeit

Gott lebt unter uns Menschen. Aber Gott existiert auch da, wo es keinen Menschen gibt – außerhalb unserer Welt. Wir nennen das: die Ewigkeit. In der Ewigkeit gibt es keine Zeit und nicht die Grenzen des Raums.

Doch auf unserer Erde leben wir in der Zeit. Wir unterteilen sie in kleine und große Abschnitte, von der Sekunde bis zum Jahrtausend. Eine überschaubare Zeitspanne, die die Erde selbst durch die Natur vorgibt, ist das Jahr. Ein Jahr braucht die Erde um die Sonne zu umkreisen. Wir unterteilen das Jahr normalerweise in die vier großen Jahreszeiten Frühling, Sommer, Herbst und Winter.

Die Kirche orientiert sich nicht nur am Lauf der Natur, sondern vor allem am Leben von Jesus von Nazaret. Die besonderen Ereignisse seines

Lebens werden im Laufe eines Jahres als Feste gefeiert – zum Beispiel seine Menschwerdung und Geburt an Weihnachten, seine Auferstehung von den Toten an Ostern. Vor diesen Festen liegen Zeiten der Vorbereitung: der Advent und die Fastenzeit. So erleben wir während eines Jahres alle Stationen des Lebens von Jesus Christus mit. Im Kirchenjahr denken wir auch an die großen Heiligen. Sie haben Gedenktage, an denen ihre Namensträger den Namenstag feiern. Der wichtigste Feiertag ist aber jeder Sonntag. Am ersten Tag der Woche kommen wir Christen zum Gottesdienst zusammen und danken Gott für seinen Sohn Jesus Christus, der am ersten Tag der Woche auferstanden ist.

Die Feste des Kirchenjahres sind in eine Rangfolge unterteilt. Sie sieht so aus:

Hochfeste

Feste und Sonntage

Gedenktage der Heiligen

„kleine“ Gedenktage der Heiligen
(können, müssen aber nicht gefeiert werden)

Wochentage im Jahreskreis

Der weihnachtliche Festkreis

Adventszeit
- vier Adventssonntage (vor Weihnachten)

Weihnachtszeit
- Weihnachten (25. Dezember)
- Erscheinung des Herrn
  - („Hl. Drei Könige“ am 6. Januar)
- Taufe des Herrn
  - (Sonntag nach Erscheinung des Herrn)

Der österliche Festkreis

österliche Bußzeit (Fastenzeit)
  Aschermittwoch
  fünf Sonntage der Fastenzeit
  Palmsonntag (Sonntag vor Ostern)
    eröffnet die Heilige Woche/Karwoche
die drei österlichen Tage vom Leiden,
Tod und Auferstehung des Herrn
  Gründonnerstag
  Karfreitag
  Ostern
Osterzeit
  Weißer Sonntag (Sonntag nach Ostern)
  sechs Sonntage der Osterzeit
  Christi Himmelfahrt
  7. Sonntag der Osterzeit
  Pfingsten

Die Zeit im Jahreskreis

Die Zeit im Jahreskreis ist die längste Phase im Kirchenjahr: Zwischen dem weihnachtlichen und dem österlichen Festkreis liegen ein paar Wochen und dann umfasst der Jahreskreis noch die lange Zeit von Pfingstmontag bis zum 1. Advent. Unterbrochen wird dieser „liturgische Alltag“ von verschiedenen Festen:

33 Sonntage im Jahreskreis

Dreifaltigkeitssonntag
(Sonntag nach Pfingsten)

Fronleichnam
(Donnerstag nach Dreifaltigkeit)

Herz-Jesu-Hochfest
(acht Tage nach Fronleichnam)

Allerheiligen
(1. November)

Christkönigsfest
(letzter Sonntag im Jahreskreis)

Sonntag

Es war der erste Tag der jüdischen Woche, als Frauen in Jerusalem das Grab Jesu leer vorfanden. So hat sich der Sonntag als besonderer Gedenktag der Auferweckung Christi herausgebildet. Schon die ersten Generationen der Christen trafen sich am Sonntag zum gemeinsamen Mahl, zum Hören auf das Wort der Heiligen Schrift.

Heute teilt sich die Christenheit in viele Kirchen und Gemeinschaften. Alle verbindet aber über die Grenzen der Konfessionen und Kontinente hinweg der Glaube an den einen Gott. An jedem Sonntag wird dieser Glaube im Gottesdienst mit Gebeten, Liedern und Verkündigung des Evangeliums gefeiert. Das stärkt die Christen untereinander und verbindet sie mit dem, der sie leben lässt: Gott.

Advent und Weihnachten

Christen glauben, Gott will den Menschen so nahe sein, dass er selbst ein Mensch wurde in seinem Sohn Jesus Christus. Dieser war, wie sie bekennen, in allem den Menschen gleich, außer der Sünde. Das ist das Geheimnis des Weihnachtsfestes: die Inkarnation, die Fleischwerdung unseres Gottes.

Die westlichen Kirchen feiern die Geburt Jesu am 25. Dezember und gedenken am 6. Januar der Ankunft des erwarteten Erlösers vor allen Völkern („Erscheinung des Herrn"). Die orthodoxen Kirchen haben den Schwerpunkt ihrer Feierlichkeiten an dem Termin im Januar.

Die vier Wochen vor Weihnachten dienen der Vorbereitung auf die Ankunft des Herrn. Diese Adventszeit stimmt ein auf die Feier des Kommens Christi in diese Welt – des vergangenen und des gegenwärtigen – und erinnert an seine Wiederkunft am Ende der Zeiten.

Weihnachten ist im Christentum das populärste Fest; sein weltlicher Charakter – festliche Mähler, Geschenke, Genüsse – droht das Geheimnis des Festes, die Geburt des Gottessohnes in einem Stall, zu verdunkeln.

Karfreitag

Jesus verkündete das Reich Gottes und rief zur Umkehr auf. Sein öffentliches Wirken dauerte nur drei Jahre lang, dann fand es ein gewaltsames Ende: Er wurde von den Einflussreichen seines Volkes ausgeliefert und von der römischen Besatzungsmacht Israels durch Kreuzigung hingerichtet

Für die Anhänger Jesu war das zunächst eine Katastrophe: Konnte jemand, der wie ein Verbrecher getötet wurde, der Retter sein? Durch die Auferstehung erlangten sie glaubende Gewissheit, dass Jesus gerade durch den Tod am Kreuz Erlösung erwirkte. Einem „Sündenbock“ gleich trug er die Schuld der Welt und versöhnte so die schuldbeladene, getrennte Menschheit mit Gott.

Der Karfreitag ist ein stiller Feiertag, der am Ende der Fastenzeit in ernsten Gottesdiensten der geheimnisvollen Taten Gottes dankbar gedenkt.

Ostern

Mit der Kreuzigung war die „Sache Jesu“ nicht einfach beendet. Im Zentrum des christlichen Glaubens steht das Bekenntnis zu seiner Auferweckung durch Gott am dritten Tag nach seinem Tod.

Das Licht Christi vertreibt die finstere Nacht der Gottesferne: Ostern ist das Fest des Lebens, das den Tod besiegt. Neben den kirchlichen Feiern, in denen brennende Kerzen das aufgehende Licht Christi symbolisieren, wird Ostern durch weltliche Traditionen geprägt: Man verspeist Süßigkeiten und Eier, die als Zeichen der Fruchtbarkeit gelten.

Christen glauben, alle Menschen guten Willens werden am Leben nach dem Tod, das allein Gott schenken kann, teilhaben.

Pfingsten

Die Kraft Gottes hat sich in der Heilsgeschichte immer wieder offenbart; bald mächtig, bald unscheinbar.

Christen benennen diese Wirkkraft Gottes als „Heiligen Geist“. Pfingsten erinnert an jenes Pfingstfest vor 2000 Jahren, als in Jerusalem die ersten Christen den Heiligen Geist empfingen, wie die Apostelgeschichte des Neuen Testamentes erzählt.

Christlicher Glaube verehrt den Heiligen Geist als eine „Person“ der dreifaltigen Existenzweise des Einen Gottes. Keine Epoche und kein Land, kein Volk und kein Einzelner hat den Heiligen Geist gepachtet, niemand kann ihn erzwingen. Gott wendet sich aber durch seinen Geist den Menschen zu: Wer sich ihm öffnet, kann ihn jederzeit und überall empfangen.

Mehr als die Nachtwächter

Nachtwächter warten auf den Morgen. Artisten warten auf ihren Auftritt. Schüler warten auf die Pause. Müde Verkäuferinnen warten auf den Bus. Bettina wartet auf ihren Termin beim Zahnarzt. Jonas wartet auf den Brief seiner Freundin ...

Wir warten viel, manche Stunde unseres Lebens vergeht darüber: Schönes soll endlich kommen, Unangenehmes schnell vorübergehen. Manchmal warten wir freiwillig, manchmal gezwungenermaßen. Wer wartet, braucht Geduld. Aber wer ist schon geduldig? Wir können nicht abwarten zu erfahren, was wir geschenkt bekommen, können nicht warten, bis alle zum Essen am Tisch sitzen ...

Eigentlich ist es zu schade die Wartezeit als verlorene Zeit anzusehen. Wir sollten sie nicht absitzen, sondern als Vorbereitung für das Kommende nutzen. Das gilt besonders für die Adventszeit. Ihre vier Wochen sind mehr als eine lästige Wartephase vor Weihnachten. Natürlich warten wir auf das Fest mit den Geschenken, den Süßigkeiten, mit Christbaum und schönen Liedern. Aber davor liegt die Zeit der Erwartung.

In dem Wort „Erwartung“ steckt der Begriff „Wartung“. Gewartet werden Autos und Maschinen: Es gibt regelmäßige Überprüfungen, ob sie richtig funktionieren. Da werden Schrauben angezogen, Achsen geölt, Ersatzteile ausgewechselt. Gewartet werden muss auch unser Glaube: Der Advent lädt ein sich Zeit für Gott zu nehmen.

Immer haben die Menschen auf Gott gewartet, gehofft, er möge ein Zeichen seiner Nähe geben. Wir Christen sagen, dieses Zeichen ist Jesus Christus. An Weihnachten feiern wir, dass er in unsere Welt kam. Und wenn wir Gott nicht spüren, sollen wir nicht gleich aufgeben, sondern zunächst einmal geduldig warten. Wie lange sollen wir warten? Die Bibel gebraucht ein schönes Bild:

> Ich hoffe auf den Herrn, es hofft meine Seele,
> ich warte voll Vertrauen auf sein Wort.
> Meine Seele wartet auf den Herrn
> mehr als die Wächter auf den Morgen.
> Mehr als die Wächter auf den Morgen
> soll Israel harren auf den Herrn.
>
> *(Psalm 130,5-7)*

16. Kapitel

Die Leseordnung

Wir sind eingeladen im Gottesdienst möglichst viel aus der Bibel zu erfahren. Die Heilige Schrift ist eine Sammlung unterschiedlichster Texte: Spannende Geschichten sind darin zu finden, Lieder, Gebete, Predigten, Erzählungen, Briefe und anderes. Viele verschiedene Menschen haben an der Bibel mitgeschrieben. Die Texte entstanden in einem Zeitraum von mehr als tausend Jahren.

Die Bibel birgt einen großen Schatz von Glaubenserfahrungen. Um davon reichlich mitzubekommen hören wir in jeder Messe mindestens eine Lesung aus dem Alten oder Neuen Testament und einen Abschnitt aus dem Evangelium. Für Sonntage sind zwei Lesungen plus Evangelium vorgesehen – in der Osternacht sind es gar acht!

Im Vorlesebuch für den Gottesdienst, dem Lektionar, stehen die Abschnitte aus der Bibel, die für den entsprechenden Tag ausgewählt sind. Die Liturgie sieht vor, dass die Reihenfolge der Texte an Sonntagen alle drei Jahre, an Wochentagen alle zwei Jahre wieder von vorn beginnt. Wir sprechen von „Lesejahren“.

Im Lesejahr A wird an Sonntagen das Evangelium nach Matthäus vorgetragen; im Lesejahr B das nach Markus und im Lesejahr C das Evangelium nach Lukas. Zu diesen Abschnitten werden jeweils passende Texte aus dem Alten und Neuen Testament ausgesucht.

Die Wochentage werden in die Lesejahre I und II eingeteilt. Da werden in der Lesung einige Bücher des Alten und Neuen Testamentes abschnittweise vorgetragen. Die Evangelientexte sind in den Wochentags-Lesejahren I und II jeweils gleich.

Das Johannes-Evangelium hat eine Sonderstellung. In der ganzen Osterzeit wird es in den Messen der Sonntage und der Wochentage verkündet. Die Lesungen werden dann übrigens aus der Apostelgeschichte gehalten.

Für Feste und Heiligengedenktage sieht die Leseordnung eigene Textauswahlen vor. Es werden solche Abschnitte für Lesung und Evangelium genommen, die besonders zum Inhalt des Anlasses passen.

„Aber Simon, deine Schrift kann wirklich niemand lesen!“, beschwert sich der Kaplan bei der Rückgabe der Religionsprobe. – „Und wenn ich deutlich schreibe, dann beschweren Sie sich darüber, dass alles falsch ist.“

17. Kapitel

Schutzpatron der Ministranten: Der heilige Tarsicius (Tarcisius)

Mit letzter Sicherheit kann über den heiligen Tarsicius nichts gesagt werden. Es heißt, er sei ein junger Mann gewesen, der im 3. Jahrhundert in Rom lebte. Dort gehörte er zur kleinen Schar der verfolgten Christen. Diese mussten sich heimlich treffen und feierten ihre Gottesdienste in den unterirdischen Gräbern vor der Stadt, den Katakomben.

Die Legende erzählt: Tarsicius war einmal von der Gemeinde beauftragt den Kranken die Eucharistie zu bringen. Er verbarg sie unter seinem Gewand. Auf der Straße wurde er von Heiden angepöbelt, was er denn da zu verstecken hätte. Tarsicius wollte den neugierigen Leuten nicht sein kostbares Gut zeigen. Da wurden diese frech und bedrängten ihn. Tarsicius konnte in der Not die Eucharistie noch schnell essen, da erschlugen ihn schon die Heiden mit Knüppeln und Steinen.

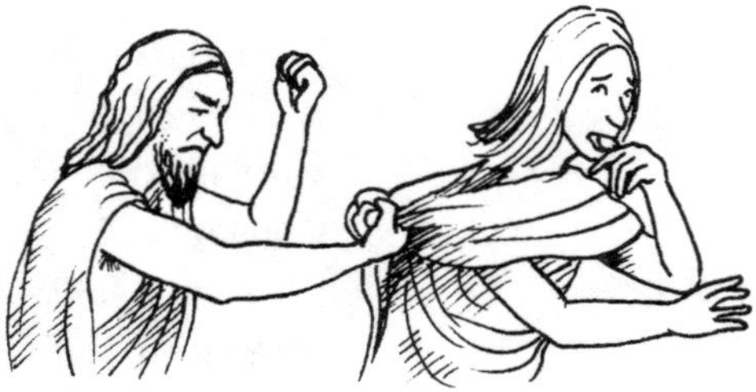

Tarsicius ist für seinen Glauben gestorben. Er gehört zur Gruppe der Märtyrer. Sein Grab befindet sich in der Calixtus-Katakombe an der Via Appia Antica in Rom. Dargestellt wird der junge Heilige als Diakon mit Palme, Steinen und Hostie. Weil Tarsicius im Auftrag der Gemeinde unterwegs war, gilt er als Schutzpatron der Ministranten.

Sein Gedenktag ist am 15. August. Die Kirche feiert an diesem Tag schon ein anderes Fest, nämlich „Mariä Himmelfahrt“. So ist die Erinnerung an Tarsicius verblasst. Noch heute aber kann er ein Vorbild sein mutig für die Botschaft Jesu einzustehen.

Stichwortregister: Schlag nach

....
(Name)

wurde am ....
in die Gemeinschaft der Ministranten
der Pfarrgemeinde

....
aufgenommen.

Ort ....

Datum ....

....
(Oberministrant)

....
(Pfarrer)

Siegel